Général BRO

LE MONASTÈRE DE LA VISITATION SAINTE-MARIE D'ORLÉANS AVANT LA RÉVOLUTION

(Extrait des *Mémoires de la Société archéologique et historique de l'Orléanais*, t. XXXVI)

ORLÉANS
1930

Général BRO

LE MONASTÈRE
DE LA
VISITATION SAINTE-MARIE D'ORLÉANS
AVANT LA RÉVOLUTION

(Extrait des *Mémoires de la Société archéologique et historique de l'Orléanais*, t. XXXVI)

ORLÉANS
1930

LE MONASTÈRE

DE

LA VISITATION SAINTE-MARIE D'ORLÉANS

AVANT LA RÉVOLUTION

Les historiens n'ont consacré à la fondation et à l'établissement du monastère de la Visitation Sainte-Marie d'Orléans que de très courtes notices, dans lesquelles se sont glissées des erreurs de dates et des confusions de lieux.

Il y avait là une lacune que nous avons essayé de combler en faisant appel à différentes sources locales d'informations.

De précieux documents nous ont été communiqués par la R. Mère supérieure du couvent actuel du faubourg Bannier; nous lui en exprimons ici toute notre reconnaissance. D'autres proviennent des minutes des anciens notaires au Châtelet d'Orléans, gracieusement prêtées par leurs successeurs d'aujourd'hui Mes Rime et Fauchon.

D'autres, enfin, ont été consultés sur place aux Archives départementales qui ont hérité des papiers que les Visitandines ont dû abandonner au moment de leur brutale expulsion en 1792 et dont un certain nombre d'ailleurs ont été perdus.

I

Les premières installations (1620-1626)

Saint François de Sales, secondé par Mme de Chantal, avait fondé, en 1610, à Annecy, diocèse de Genève, une congrégation charitable de femmes dont le but était de visiter les malades et de leur porter des secours spirituels et matériels. Sur les

1

instances de l'archevêque de Lyon, la congrégation fut transformée en un ordre où les religieuses devaient garder la clôture et faire des vœux solennels. C'était l'ordre de la Visitation Sainte-Marie.

Les constitutions de cet ordre furent approuvées par le pape Paul V le 6 octobre 1618.

Des monastères avaient été successivement fondés en 1615 à Lyon, en 1616 à Moulins, en 1618 à Grenoble, puis à Bourges dont l'archevêque Mgr Frémiot était le propre frère de Mme de Chantal, en 1619 à Paris, en juin 1620 à Montferrand, en juillet 1620 à Nevers.

A Orléans, la fondation d'un monastère avait été envisagée par saint François de Sales au cours du séjour qu'il y avait fait en 1619 et par la Mère de Chantal elle-même qui y avait passé les fêtes de Pâques de cette même année[1] alors qu'elle allait de Bourges à Paris où saint François l'avait appelée[2]. La comtesse de Saint-Paul, femme du gouverneur d'Orléans, et Mme de Royssieux (dont M. Jules Baillet a fait ressortir l'intéressante physionomie dans une étude parue en 1913 au n° 205 du *Bulletin* de la Société archéologique de l'Orléanais) avaient pris à cœur la réussite de cette fondation, mais des difficultés s'élevèrent dès le début, difficultés qui, surmontées une première fois, se continuèrent sous différentes formes pendant près de deux ans.

L'évêque, Mgr de l'Aubespine, craignait que le nouvel établissement n'eût pas assez de ressources et ne retombât à sa charge. Il hésitait à accorder sa permission, d'autant plus que les quinze ou seize jeunes filles rassemblées à Paris par Mme de Royssieux pour faire partie du couvent d'Orléans et dont les dots montaient à 80,000 livres s'étaient rétractées, sauf trois d'entre elles.

Ces messieurs de ville étaient également opposés, disant « qu'avant de recevoir ces religieuses, il fallait avoir des Ursulines qui étaient utiles au public, faisant profession d'ins-

1. Marsollier, *Vie abrégée de la bienheureuse de Chantal*, p. 159. Paris, 1752.

2. De Maupas du Tour, évêque du Puy, *la Vie de la vénérable mère Françoise Fremiot*, p. 234 et 235. Paris, 1647.

truire les jeunes filles, au lieu que nous n'étions bonnes à rien[1] ».

Démarches sur démarches furent faites par la comtesse de Saint-Paul et par Mme de Royssieux auprès de l'évêque et auprès du gouverneur pour que celui-ci fit pression sur le maire et les échevins.

Toujours pleine de confiance, malgré les tergiversations des uns et des autres, la comtesse de Saint-Paul se décida à brusquer les choses. Elle pria la Mère de Chantal, alors à Paris, de faire venir de Savoie des religieuses pour Orléans. Dès qu'elles furent arrivées, la comtesse de Saint-Paul alla trouver l'évêque qui était aussi à Paris et lui fit voir « comme six filles reçues pour Orléans et les trois de cette ville faisaient ensemble la somme de 15 ou 16,000 livres, le pressant de si près qu'elle ne le laissa pas coucher sans avoir exécuté la bonne volonté qu'il lui disait avoir; ainsi il signa la permission[2]. »

Dès ce succès obtenu, Mme de Royssieux prévient son frère, M. d'Amoy, qui habitait Orléans, et celui-ci fait préparer pour recevoir les religieuses une maison dans la rue Porte-Saint-Jean. Où était située cette maison et à qui appartenait-elle? Aucun document n'a pu nous fixer sur ce point. L'abbé Patron, dans ses « Recherches historiques sur l'Orléanais (1873) », page 224, écrit qu'elle fut donnée par Mlle de Chamvallin[3]. Il y a là une erreur, car dans les Annales du monastère il est nettement spécifié (page 158) que les religieuses durent payer le loyer de cette maison même pour les huit mois avant leur arrivée, le bail en ayant été passé trop tôt. L'abbé Patron con-

1. Archives du monastère : *les Fondations*, p. 179. Ce manuscrit fut rédigé par des religieuses du monastère de Melun, dont la première supérieure fut en 1635 la mère Anne-Marguerite Clément qui avait été en 1620 l'une des fondatrices d'Orléans. Il constitue l'une des sources les plus sûres relativement aux origines du couvent d'Orléans. Après la Révolution, le monastère de Melun n'ayant pas été reconstitué, un certain nombre de ses anciennes religieuses vinrent se joindre à leurs sœurs d'Orléans et leur apportèrent leurs manuscrits.

2. Archives du monastère : copie d'un manuscrit de la Mère de Changy, du monastère d'Annecy, daté de 1638.

3. Ce renseignement est reproduit par l'abbé Duchâteau dans son *Histoire du diocèse d'Orléans*. 1888, p. 286.

fond cet immeuble avec celui qui fut acheté l'année suivante de Mr de Chamvallin, comme nous le dirons plus loin.

Le convoi des fondatrices fut mis en route partant de Paris le 4 septembre 1620; il comprenait quatre religieuses professes venant du monastère d'Annecy, deux novices, quatre prétendantes, un aumônier qui était le propre aumônier de saint François et Mme de Royssieux. Les noms des quatre religieuses professes figurent dans une pièce des Archives départementales (Visitation, carton H, nº 1) intitulée : « État des biens des religieuses de la Visitation, dressé en 1647 par Charles Meusnier, docteur en théologie de la maison de Sorbonne, chantre et chanoine de l'église d'Orléans, grand vicaire de Mgr d'Elbène, évêque d'Orléans. » C'étaient :

La sœur Claude-Agnès Joly, supérieure[1];

La sœur Annne-Marguerite Clément;

La sœur Marie-Michelle de Nouvelles;

La sœur Marie-Françoise Bellet.

Les deux novices étaient la sœur Barbe-Marie Le Gaufre et la sœur Jeanne-Françoise Le Tellier; les quatre prétendantes s'appelaient Marie-Madeleine Moireau, Anne-Marie Osmond, Marguerite-Agnès Sevin et Marie-Angélique Mouard.

Le départ avait eu lieu en hâte, car M. d'Amoy n'en fut pas averti et les vicaires généraux d'Orléans n'avaient pas été informés par Mgr de l'Aubespine de l'autorisation qu'il avait accordée. Sans doute avait-on voulu que l'arrivée se fît sans attirer l'attention ni du peuple, ni des échevins, ni du clergé. Mais les trois prétendantes habitant Orléans[2] ne surent pas garder le secret de telle sorte que, lorsque les religieuses se présentèrent en ville, le 6 septembre, la rue était pleine et la maison aussi de gens de toute sorte; elles eurent bien de la peine à la faire vider; et, ajoutent malicieusement les Annales du monastère, « il nous fallut souper en princesses environnées de plusieurs regardans et principalement des filles dévotes

1. La sœur Claude-Agnès Joly, s'appelait Claude-Agnès Joly de la Roche.

2. Ces trois prétendantes s'appelaient : la sœur Marie-Marthe Lorri, la sœur Marie-Catherine de Beaumont et la sœur Marie-Radegonde Le Barbier.

d'Orléans qui ne sont pas des dernières venues en telles occasions ». L'émotion était donc grande; les échevins espéraient toujours la venue des Ursulines; les vicaires généraux ne voulaient rien entendre. Certain ecclésiastique même alla jusqu'à dire à la Mère supérieure que les religieuses occuperaient la place de quelque bon marchand, qui travaillerait pour la ville et qui irait faire la garde à son tour. A cette boutade bien orléanaise, la supérieure fit la spirituelle et malicieuse réponse suivante : « Monsieur, je crois que, selon votre robe, vous parlez de la garde du cœur; je puis vous assurer qu'il n'y a pas une de nos religieuses qui ne fasse à toute heure guet et garde sur ses sens et passions, crainte de quelque surprise en la petite forteresse de leur intérieur. Et quant à ce qui est du travail, si vous nous faites la faveur de nous donner de l'ouvrage pour votre service, vous verrez que nous ne sommes pas des filles fainéantes[1]. »

Heureusement le comte de Saint-Paul arriva de Paris sur ces entrefaites; il calma les unes et les autres et arrangea si vite et si bien les choses que l'établissement se fit « le 9e de septembre par MM. les grands vicaires, maire et échevins avec toute la solennité requise en présence de M. le comte de Saint-Paul, des personnes les plus considérables de la ville et d'une multitude de peuple infinie[2] ».

La maison de la rue Porte-Saint-Jean n'était pas propre à loger des religieuses; les meubles qui la garnissaient ayant été prêtés, chacun vint reprendre ce qui lui appartenait. Seuls, les Jésuites qui leur avaient fourni des ornements sacerdotaux à leur arrivée les leur laissèrent jusqu'à ce qu'elles aient pu en confectionner elles-mêmes et les aidèrent même de leurs propres deniers.

Ce ne pouvait donc être qu'une installation provisoire dont elles cherchèrent bientôt à sortir.

Grâce à l'appui de l'évêque, elles trouvèrent dans l'un des plus beaux quartiers de la ville, rue de la Porte-Bannière, une maison qui répondait par ses dimensions à leurs besoins im-

1. Archives du monastère : manuscrit de la mère de Changy, 1638.
2. Archives du monastère : *les Fondations*, p. 152.

médiats et qui, par le voisinage de grands jardins et de grands espaces libres, offrait pour l'avenir des possibilités d'extension favorable à l'établissement d'un grand et beau monastère[1].

Cette maison fut achetée le 12 août 1621 par contrat passé devant Demeulles, notaire royal au Châtelet d'Orléans, contrat existant aux Archives départementales (Visitation, carton H, n° 1) et dont nous extrayons les intéressants renseignements qui suivent.

L'acte de vente fut passé chez les religieuses elles-mêmes qui étaient assemblées en leur parloir et chambre trilizée (treillagée) tenant chapitre et traitant les affaires en la manière accoutumée. Le vendeur était noble homme Guillaume Vaillant, sieur de Chamvallin, naguère conseiller du roi en son grand conseil, demeurant paroisse de Saint-Paul. La maison vendue en laquelle pendait l'enseigne « le pont de l'Arche » consistait en deux « corps de logis, l'un sur la grande rue de la Porte-Bannière où y a cave voûtée, deux chambres basses, un portail, quatre chambres hautes, deux greniers au-dessus, une vis de pierre de taille servant au dit corps de logis, le tout couvert d'ardoises; l'autre corps de logis, étant sur le derrière, consistant en une chambre basse, chambre haute, grenier au-dessus, vis en bois servant audit corps de logis, aussi couvert d'ardoises; une longue galerie de bois sur piliers régnant de l'un à l'autre des dits corps de logis aussi couverte d'ardoises; grange joignant ledit corps de derrière; deux greniers au-dessus d'icelle; vis de pierre à montée aux dits greniers; fournil; joignant ledit fournil, grenier au-dessus; deux jardins derrière ledit corps de derrière et grange ouvrant sur la rue du Bœuf. Cour au milieu desdits corps de logis, puits à eau, puits à latrines en icelle ».

Les jardins s'étendaient jusqu'à la rue du Bœuf sur une longueur de 90 à 95 mètres; ils allaient assez loin vers la rue du Pot-de-Fer tandis que du côté de la rue de la Lionne ils touchaient à un immeuble appelé « La Forest » anciennement le « Petit Paris » qui était lui-même contigu à la place et à

1. Elle occupait l'emplacement où se trouve aujourd'hui l'immeuble portant le n° 63 de la rue Bannier.

la chapelle de Saint-Mathurin. Nul doute que le désir d'acheter cet immeuble et cette chapelle n'ait été dès les premiers jours dans la pensée de la Mère supérieure Claude-Agnès de la Roche; nous verrons en effet cette pensée se réaliser en partie pendant le gouvernement même de cette habile, prudente et vénérée Mère supérieure.

Le prix de vente fut fixé à 14,800 livres tournois, prix élevé que justifiaient l'importance et la situation des lieux, la facilité pour une communauté naissante d'installer chapelle, parloir, tour, cuisine, dortoir, boulangerie, enfin la valeur des ressources que l'on pouvait tirer des grands jardins.

Sur cette somme de 14,800 livres tournois, six mille furent payées comptant; pour le surplus il fut constitué une rente annuelle de 440 livres payable aux 13 août et 13 février de chaque année.

L'acte ayant été ainsi fait, signé, puis approuvé par l'évêque, les religieuses ne purent cependant pas occuper de suite l'immeuble acheté. Il y avait, en effet, un locataire qui s'appelait honorable homme Jacques Coulange, marchand d'Orléans, et des sous-locataires. Ils consentirent bien à vider les lieux au 1er octobre suivant, mais ce fut à la condition qu'on paierait au sieur Coulange une indemnité de « sept ving dix livres tournois » (150 livres) et qu'on le tiendrait quitte des loyers en cours échéant au 1er octobre suivant; une indemnité analogue et la remise des loyers furent également consenties aux sous-locataires.

Ces conditions remplies, la communauté occupa la maison achetée.

L'ère des difficultés n'était pas close pour cela. Il semblait que la Providence eût voulu, dès le début, semer d'obstacles la route des religieuses pour éprouver leur foi et leur persévérance! Si la vente du 12 août 1621 satisfaisait les religieuses, elle ne satisfaisait pas de la même manière Mme de Chamvallin, la femme du vendeur, qui, pour des raisons que nous ne connaissons pas, l'avait vue d'assez mauvais œil et s'y était d'abord opposée. N'ayant cédé que sur les instances de l'évêque, elle profita d'une absence de ce dernier pour soulever de nouvelles difficultés. Elle eut l'idée de demander, pour *épingles* de la passation du contrat de vente, une chaîne d'or de 500 livres, et, ne réussissant pas à l'obtenir, elle fit faire par son fils une action en *retrait lignager*, le 18 janvier 1622. Par cet acte, le fils de M. Chamvallin réclamait l'annulation de la vente consentie par son père, en vertu d'une coutume féodale d'après laquelle un parent d'un vendeur pouvait reprendre dans un délai fixé et sauf remboursement l'héritage vendu. Cette coutume avait pour but de rendre aux familles nobles les terres que la prodigalité d'un parent avait aliénées.

L'affaire étant ainsi portée devant la justice, la situation devenait critique.

Elle fut heureusement dénouée dans les conditions suivantes décrites par le manuscrit des fondations des monastères, p. 157 : « Le Roy étant venu à Orléans, Mgr le cardinal de Retz, archevêque de Paris, étant à sa suite, se trouva logé près du monastère. Son Éminence, étant venu entendre la messe dans notre petite chapelle, à la fin s'approcha de la grille du chœur pour voir et bénir les religieuses et, avec une grande bonté, il s'enquit de leurs petites nouvelles. Notre Mère qui savait que Mgr le cardinal était ami de M. et Mme de Chamvallin, propriétaires de la maison en question, le supplia de vouloir bien leur parler en notre faveur et accommoder le différend, sans néanmoins lui parler de la chaîne d'or, crainte qu'il ne voulût la donner. Le grand prélat, ayant appris cette circonstance par d'autres, envoya dire à la bonne Mère qu'aussitôt qu'il serait de retour à Paris, il lui enverrait une chaîne d'or pour la dame de Chamvallin; il le fit en effet et, par ce moyen, assura la possession paisible de cette maison à nos sœurs[1]. »

Et de fait, une sentence fut rendue par la prévôté d'Orléans le 4 février 1622, sentence qui dût être favorable aux religieuses, puisqu'elles furent dès lors tranquilles propriétaires de leur bien. Nous n'avons pas pu trouver, malgré nos recherches, les textes mêmes du retrait lignager et de la sentence prévôtale dont nous venons de parler; nous n'avons pu avoir que leurs dates, relevées dans les archives du monastère sur un

1. Ce fait est également raconté dans l'ouvrage *la Vie de Sainte-Fremiot de Chantal*, p. 89, édité en 1778 par Couret de Villeneuve, imprimeur à Orléans.

ACQUISITIONS SUCCESSIVES DE 1621 A 1633

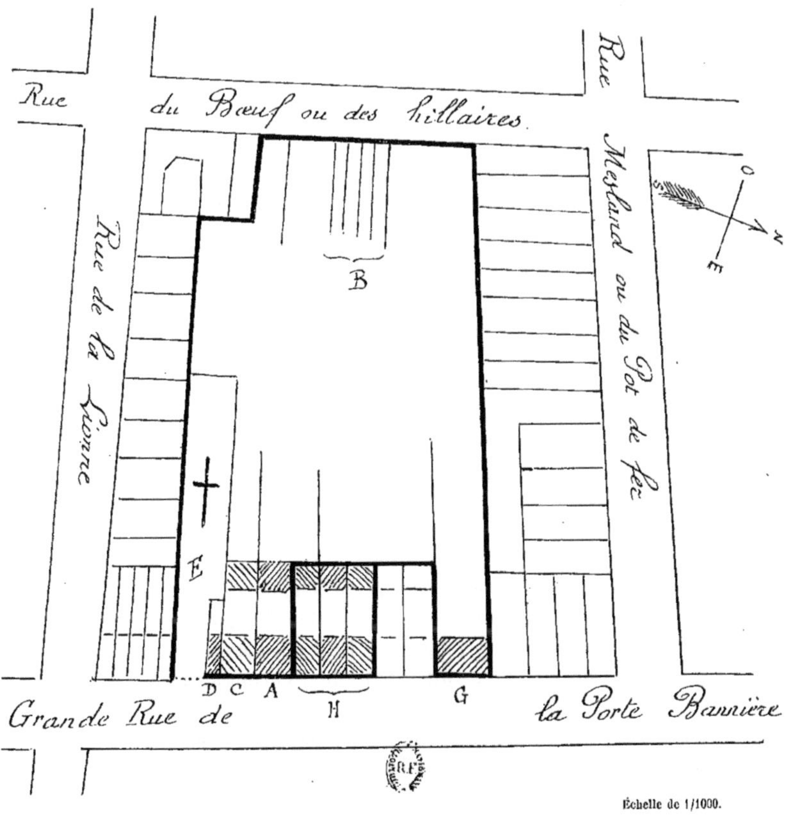

Échelle de 1/1000.

A Maison de Chamvallins, acquise en 1621.
B Maisons Regnard, Blanchet, Boislève et Pothier, acquises en 1623 et 1630.
C Maison Hachin, acquise en 1626.
D Maison Lucas, acquise en 1628 et 1633.
E Place, chapelle et jardin de Saint-Mathurin, acquis en 1630.
G Maison Houmain, acquise en 1631.
H Maisons Neveu, Paillet et Bruneau, acquises en 1633.

livre d'inventaire de 1785, p. 306. Mais nous avons pu contrôler l'exactitude du récit ci-dessus en ce qui concerne le passage du roi Louis XIII à Orléans entre le 18 janvier, date de l'action en retrait lignager, et le 4 février 1622, date de la sentence prévôtale; la preuve de cette exactitude nous a été fournie par une pièce comptable existant aux Archives départementales, dossier C.C. 779. C'est une quittance de « Jehan Maupoint, concierge de l'hostel commun de ceste ville d'Orléans pour la vesnue du Roy revenant de l'armée ».

On y lit :

Page 1, 4e ligne : « Le 19e janvier 1622 payé pour... »

Page 2, 7e ligne : « Le lundy 24e dudict moys de janvier, jour que le Roy est arrivé, pour un desjeuner de Messieurs en vin blanc, que pour les archers. 12 sols. »

Le roi Louis XIII est donc réellement passé à Orléans le 24 janvier 1622 entre les deux dates citées du 18 janvier et du 4 février. Il revenait des Pays-Bas ainsi que cela ressort d'une autre pièce comptable du même dossier (C.C. 779), pièce qui est un ordre de paiement donné par deux échevins, nommés Perrot et Fontaine, au receveur des deniers communs de la ville le 23 mars 1622, et ainsi conçu : « Paiez et bailliez des deniers de vostre recepte à Sulpice Ouvas, thonnelier, demourant audict Orléans la somme de cinquante livres tournois pour la vente et delivrance qu'il a faicte à ladicte ville d'un poinsson de vin d'auvernat du cru de ceste ville qui a esté présenté en bouteilles au Roy, Messieurs les princes et seigneurs de la cour passant par ceste ville venant de ses armées du pais Bas... »

Sûres, enfin, de ne plus être inquiétées, les religieuses versèrent à M. de Chamvallin la somme de 4.400 livres, c'est-à-dire la moitié de ce qui restait dû, ainsi que les intérêts échus à cette date. Puis, un an après, la dernière somme due fut remise le 2 mai 1623, à « damoiselle Marie Binet, femme et épouse du sieur de Chamvallins à son défaut et nom chargée dudict, laquelle a confessé avoir reçu de notre Mère supérieure, religieuses et couvent de Sainte-Marie d'Orléans par les mains de sœur Marie-Augustine Boyer, sœur domestique audict couvent, qui lui a payé comptant en présence dudict notaire la somme de 4,400 livres tournois pour le sort principal et amortissement[1].., etc. ».

Et, le 20 juin 1623, Guillaume Vaillant, sieur de Chamvallin, après avoir eu communication de l'amortissement fait en son absence entre les mains de son épouse, a déclaré qu'il a ledit amortissement pour agréable, l'agrée et approuve comme s'il avait été fait en ses mains et quitte et dégage lesdites religieuses de la Visitation[2].

Ainsi se termina un incident qui, sans le passage providentiel du roi, aurait pu compromettre dès son commencement la fondation du monastère de la Visitation d'Orléans.

A peine était-il clos que la communauté eut la joie de recevoir la visite de la Mère de Chantal qui, étant partie de Paris le 21 février 1622 pour rentrer à Annecy, s'arrêta à Orléans, « où elle reçut grande consolation du bon état auquel était le monastère par la très-heureuse conduite de la Mère Claude-Agnès de la Roche pour lors supérieure. Pendant le séjour qu'elle y fit, des religieuses de Saint-Benoît la firent très-humblement supplier de les visiter, pour lui parler de leur intérieur, recevoir ses avis et apprendre d'elle les vraies maximes de la vie religieuse qu'elles désiraient embrasser dans la plus grande perfection ; ce qu'elle leur accorda très-utilement pour le bien de ce monastère[3] ».

En l'année 1623, les religieuses achetèrent pour 2,536 livres trois petites maisons ou corps de logis ouvrant sur la rue des Hillaires ou du Bœuf et qui se trouvaient toucher au fond de leur jardin[4].

La période difficile des débuts était passée; mais les ressources disponibles avaient été dépensées, si bien que, « l'emplacement acquis, il ne restait rien pour commencer les édifices. Elles remirent donc cette entreprise au temps que le père céleste leur en donnerait le moyen[5] ».

1. Contrat passé devant Demeulles, notaire, déjà cité.
2. Ibid.
3. Maupas du Tour, *la Vie de la vénérable Mère Jeanne-Françoise Premiot*, p. 257.
4. Maisons Regnard, Boilève et Blanchet; contrats passés devant Demeulles, notaire, les 28 juillet, 9 août et 13 septembre 1623 (Archives départementales).
5. Archives du monastère : *les Fondations*, p. 158.

Et de fait, pendant trois années, il ne fut procédé à aucune acquisition nouvelle. On appropria seulement et du mieux que l'on put les locaux dont on disposait. C'est ainsi qu'on aménagea une chapelle qui devint bientôt un lieu de pèlerinage. Il y avait dans cette chapelle un tableau représentant le bienheureux François de Sales qui, dès le lendemain de sa mort survenue le 28 décembre 1622 à Lyon, attirait déjà les malades, non seulement de cette ville et des provinces voisines et éloignées, lesquels reçoivent la santé; il y a un grand concours de peuple qui, à notre consolation, disent les archives du monastère, augmente de jour en jour[1] et le nombre des miracles relaté dans ces archives est très considérable.

Malgré tous les efforts, il y eut cependant des difficultés d'installation que l'on ne put supprimer. Nous avons vu dans le texte du contrat de vente de la maison de Chamvallin que le fournil était au rez-de-chaussée d'une grange attenant au second corps de logis au-dessous d'un grenier; la boulangerie y fut établie, elle se trouva juste au-dessous d'un dortoir; elle était, en outre, entourée des autres offices de la maison. Il y avait là une grande gène pour la vie normale de la communauté et un danger sérieux d'incendie contre lequel les religieuses ne cessaient d'invoquer la protection divine. Cet état de choses dura même fort longtemps; il ne fut modifié que beaucoup plus tard en 1710.

Ces organisations occupèrent la durée du gouvernement de la Mère supérieure C.-A. de la Roche de 1620 à 1627; le manuscrit des fondations des monastères dit à la page 160 : « Notre seigneur bénit son gouvernement de plusieurs bénédictions spirituelles extraordinaires et, pour le temporel, quoique cette maison n'ait eu ni fondateurs ni fondatrices signalés, la céleste Providence envoya à cette bonne Mère des secours favorables, et elle sut les ménager si à propos qu'elle établit parfaitement le monastère et le pourvut très-bien des choses nécessaires. »

Avant la fin de ce gouvernement, en 1626, fut fait l'achat d'une maison dont nous avons déjà parlé, dite « La Forest » ou anciennement « le Petit Paris », et qui touchait au couvent

1. Archives du monastère : *les Fondations*, p. 179.

par le côté sud. Le contrat[1] fut passé devant Demeulles, notaire, le 28 juillet de cette année 1626. Le vendeur, le sieur Antoine Hachin, la cédait en échange de deux autres maisons assez voisines appartenant aux religieuses et moyennant, en outre, une somme de 6,000 livres tournois, ce qui au total représentait 14,000 livres. Ajoutons que le vendeur avait le droit de rester dans les lieux jusqu'au 24 septembre de l'année suivante 1627.

La possession de cet immeuble offrait de grands avantages; il s'étendait de la grande rue Porte-Bannière jusqu'à la rue des Hillaires ou du Bœuf où il avait une porte charretière, son jardin s'ajoutait à celui des religieuses et l'agrandissait. Enfin, il était contigu à la place, au jardin et à la chapelle de Saint-Mathurin dont l'acquisition devait si bien parachever le domaine des religieuses.

Mais Saint-Mathurin appartenait à l'Aumône générale à qui il avait été donné en 1560 par le roi Charles IX.

C'était le bien des pauvres; il ne pouvait pas être aliéné sans une autorisation spéciale des habitants d'Orléans.

Ces habitants furent donc convoqués par Messieurs les maire et échevins, le 16 octobre 1626, en l'hôtel commun de cette ville, pour en délibérer et donner leur avis. Le texte de cet acte d'assemblée générale des habitants est reproduit à la fin de notre étude, tel que nous l'avons trouvé dans les archives de Mes Rime et Fauchon, notaires. Dans cette réunion populaire, le maire, honorable et prudent homme Pierre Salomon, fit savoir qu'on avait demandé aux administrateurs de l'Aumône de louer ou d'aliéner à perpétuité la place où est la chapelle Saint-Mathurin et le jardin en dépendant. Il exposa que cette affaire serait avantageuse à Messieurs de l'Aumône parce que la place et le jardin leur étaient inutiles et parce qu'elle les délivrerait de difficultés qu'ils avaient avec le curé de Saint-Paterne au sujet d'un service dont la chapelle était chargée et dont ils percevaient les offertes et oblations depuis la donation de Charles IX. Le curé de Saint-Paterne prétendait y avoir droit, la chapelle

1. Archives départementales : *Visitation*, carton H, n° 1.

étant au-dedans de sa paroisse. D'où procès, dont le jugement n'avait pas encore eu lieu.

De leur côté, les administrateurs qui assistaient à l'assemblée firent valoir eux-mêmes d'autres arguments : ils dirent que la chapelle constituait pour eux une lourde charge et de grosses dépenses parce que tous les dimanches le bureau de l'Aumône faisait une distribution de nourriture et d'objets d'entretien aux pauvres honteux afin de les empêcher de vagabonder dans la ville et de mendier aux portes des églises; d'autre part, la levée qui se faisait chaque année sur Messieurs du clergé et les habitants de la ville présentait d'importantes moins-values, d'où diminution des ressources du bureau.

Après avoir mûrement délibéré et considéré tout ce qui était à considérer, les habitants furent d'avis que le jardin et la chapelle Saint-Mathurin devaient être donnés à bail à rente ou vendus et aliénés pour toujours à telles personnes que les sieurs de l'Aumône aviseraient et pour telles sommes de deniers qu'ils jugeraient bon. Les fonds touchés devaient être remployés et le revenu temporel de la chapelle devait être maintenu à l'Aumône afin que le service dont elle était chargée pût être dit et continué. Enfin on devait supplier humblement Mgr l'évêque de transférer ce service en la chapelle de l'Aumône située près de l'église Saint-Paterne[1].

II

Les fondations extérieures. La construction du monastère

1626-1649

Après cette décision des habitants de la ville, on aurait pu croire que l'affaire allait être conclue sans délai. Il n'en fut rien.

Le prix demandé était-il trop élevé? Les religieuses n'avaient-elles pas les fonds nécessaires? Y eut-il des difficultés soulevées par les personnes intéressées à la vente? Rien dans les archives existantes n'explique ce retard.

1. La chapelle de l'aumône faisait l'angle sud de la rue de la Bretonnerie et de la grande rue Porte-Bannière.

Quoi qu'il en soit, l'acte d'assemblée générale du 16 octobre 1626 resta lettre morte pendant près de quatre années, jusqu'en 1630. La Mère supérieure Claude-Agnès de la Roche termina son gouvernement sans avoir pu réaliser l'achat de Saint-Mathurin, car à l'expiration de ses deux triennaux, en 1627, elle se déposa de sa charge conformément à la règle de saint François.

D'ailleurs, pendant ces quatre années de 1626 à 1630, la communauté eut à se préoccuper de plusieurs autres questions importantes.

Tout d'abord il fallait remplacer la Mère Claude-Agnès. Les religieuses ayant appris que la Mère de Chantal n'était plus supérieure d'Annecy l'élurent pour supérieure d'Orléans. La Mère de Chantal vint donc à Orléans, mais elle fit comprendre à ses sœurs que, suivant la volonté du bienheureux fondateur, elle ne pouvait accepter d'être supérieure ailleurs qu'à Annecy. Cependant elle consentit à exercer les fonctions de supérieure temporairement, et, pendant ce temps, plusieurs miracles furent opérés par l'intercession de saint François. Elle se rendit ensuite à Paris, d'où elle revint à Orléans au printemps de 1628 et fit procéder à une autre élection. Ce fut la Mère Jeanne-Françoise Le Tellier qui fut élue, elle resta en charge pendant six ans, de 1628 à 1634[1]. Peu de temps après, en cette même année 1628, deux essaims de religieuses sortirent du monastère pour aller fonder au dehors deux maisons de l'ordre, à Montargis et à Rennes.

Pour Montargis, l'établissement avait été demandé par Messieurs de la ville; la Mère Le Tellier leur accorda pour supérieure la Mère Anne-Marguerite Clément, originaire d'Annecy, et quatre sœurs professes d'Orléans savoir Anne-Marie Ossemont, Marie-Louise de Balat, Marie-Espérance Bouthroue et Marie-Thérèse Bourdon.

Pour Rennes, la Mère Claude-Agnès de la Roche avait été demandée comme supérieure; elle s'y rendit accompagnée de la sœur Marie-Michelle de Nouvelles, originaire d'Annecy, et

1. Archives du monastère : *les Fondations*, p. 183 et 184. — Maupas du Tour, *la Vie de la vénérable Mère Jeanne-Françoise Fremiot*, p. 290 à 295.

de quatre professes d'Orléans : Marie-Angélique Mouart, Marie-Henriette de Pruneley, Marie-Renée de Guéroust et Anne-Radegonde Poulain[1].

Le premier essaim se mit en route le 5 octobre et le second le 30 octobre.

Ces deux fondations n'absorbèrent pas de ressources importantes; en raison de la pauvreté de la communauté à ce moment, on ne put donner que 3,000 livres à Montargis; quant à la fondation de Rennes, une dame charitable de cette ville s'étant constituée fondatrice, il n'y eut aucune dépense pour la maison d'Orléans, si ce n'est les quelques frais de voyage des religieuses[2].

Après que ces établissements extérieurs furent fondés, on reprit le cours des acquisitions territoriales. On acheta la ferme de Villars en Beauce, paroisse de Saint-Blain, pour 2,000 livres et comme complément de la dot de la sœur Marie Daniel[3]; elle était d'une contenance de 25 septiers et 3 minots.

On acquit ensuite, en 1629, une portion de la petite maison Lucas, placée entre le couvent et Saint-Mathurin, puis le 21 janvier 1630 un autre petit immeuble la maison Denis Pothier, située rue des Hillaires et nous arrivons au mois de mars 1630 où eut lieu enfin l'achat de Saint-Mathurin.

Le contrat de vente et les pièces qui l'accompagnent fournissent de très curieux détails et éclairent d'un jour particulier les circonstances qui entourèrent cette vente.

En premier lieu, le 23 mars 1630, les religieuses donnèrent par une procuration notariée pleins pouvoirs à Me Jehan Ledemé, chanoine en l'église Sainte-Croix, pour acheter en leur nom la chapelle de Saint-Mathurin et le jardin en dépendant. Les conditions de l'achat, qui étaient convenues d'avance entre les parties contractantes, y sont énumérées; elles sont très strictes et très sévères comme nous allons le voir.

Le lendemain dimanche, 24 mars 1630, après-midi, le con-

1. Archives du monastère : *les Fondations*, p. 185 et 186.

2. Archives du monastère : livre de dépenses et de réception des sœurs.

3. Contrat du 16 octobre 1628 devant Demeulles, notaire. — Archives du monastère : *livre d'inventaire de 1785*, p. 75.

trat[1] fut passé en l'hôtel de ville, au bureau de l'Aumône générale en présence de Jehan Ledemé, procureur des religieuses et des commis et administrateurs de cette Aumône, savoir deux conseillers magistrats au bailliage et siège présidial d'Orléans, deux chanoines, deux échevins, un avocat au bailliage et siège présidial, un procureur au dit siège, et six bourgeois et marchands d'Orléans.

Se référant au pouvoir à eux donné par l'acte d'assemblée générale des habitants de la ville du 16 octobre 1626, les commis et administrateurs de l'Aumône vendent aux religieuses « la place de chapelle de Saint-Mathurin et jardin en dépendant » aux conditions suivantes : ellés paieront les cens et droits seigneuriaux; les tailles d'églises, ville, pays, pavé ; les relevoisons s'il y a lieu; le bien et revenu dépendant de la chapelle demeurent propres à l'Aumône sans que les religieuses puissent y avoir aucun droit. La statue de saint Mathurin et le service qui se fait en la chapelle le jour de l'Ascension devront être transférés dans la chapelle de Sainte-Marie à l'Aumône des garçons, et les lettres de translation devront être rapportées et fournies aux administrateurs. Les religieuses devront obtenir du seigneur révérend évêque, ou autres s'il y a lieu, décharge du droit prétendu par le curé de Saint-Paterne. Quant au service que le curé de Saint-Paterne prétend avoir droit de faire célébrer en la chapelle de Saint-Mathurin le jour de l'Ascension, les religieuses seront tenues de défendre les administrateurs contre le curé, et elles devront faire en sorte qu'il ne puisse prétendre faire dire aucun service dans la chapelle où sera transférée la statue de saint Mathurin. On voit combien aiguë avait dû être la lutte entre les administrateurs de l'Aumône et le curé de Saint-Paterne, et de quelles précautions ils s'entouraient pour en être délivrés.

La vente était faite moyennant la somme de 1,800 livres tournois, pour laquelle était créée une rente foncière annuelle de cent livres payable par moitié les 25 septembre et 25 mars de chaque année jusqu'au rachat et amortissement qui devait se faire en une seule fois.

1. Voir le texte de ce contrat à la fin de la présente étude (extrait des archives de Mᵉ Rime, notaire, rue de la Bretonnerie).

Le paiement eut lieu effectivement le 28 septembre 1632[1]. Quant au transfert de la statue et du service de Saint-Mathurin, les commis de l'Aumône spécifient encore dans la délégation donnée au sieur Fontaine, receveur, pour toucher les 1,800 livres dues, que les lettres de translation devront être rapportées par les religieuses « dans le jour et fête de Noël suivant ». Cette délicate opération fut certainement réalisée; Symphorien Guyon l'affirme, sans toutefois en préciser la date, dans son histoire de l'église, diocèse, ville et université d'Orléans, page 473[2].

L'agrandissement du couvent, au sud, du côté de la rue de la Lionne étant ainsi réalisé, la Mère supérieure Jeanne-Françoise Le Tellier voulut l'obtenir également au nord, vers la rue du Pot-de-Fer. On acheta à cet effet, le 26 mars 1631, la maison Houmain[3] moyennant la somme de 7,000 livres tournois; cette maison s'étendait de la rue Porte-Bannière à la rue des Hilaires et possédait un grand jardin, et, comme la maison voisine avait des vues sur ce jardin, les religieuses firent savoir tout aussitôt, à son propriétaire, le sieur Sanxon Meusnier, qu'elles avaient l'intention « de faire abattre la muraille de clôture qui les séparait l'un de l'autre et de la refaire à neuf sur une plus grande hauteur[4] », et elles tombèrent d'accord avec lui pour que la muraille ainsi refaite fut commune.

Tout le terrain nécessaire à la construction des bâtiments du monastère était, dès 1628, aux mains des religieuses. Les maisons de la rue Porte-Bannière non encore comprises dans la clôture n'intéressaient pas directement cette construction; elles ne furent achetées que plus tard au fur à mesure des besoins. Tel fut le cas des immeubles Neveu, Paillet et Bruneau achetés en 1633[5] et des maisons Jumeau et Triquoy acquises en 1681[6].

1. Archives de Mᵉ Rime, notaire, rue de la Bretonnerie, nᵒ 48.
2. Symphorien Guyon écrivait en 1647.
3. Archives du monastère : *Livre d'inventaire de 1785*, p. 193.
4. Archives départementales : accord devant Bruneau, notaire, le 21 mars 1631. *Visitation*, carton II, nᵒ 3.
5. Archives du monastère : *Livre d'inventaire de 1785*, p. 231, 221 et 213.
6. Ibid., *id.*, p. 203.

Les bâtiments nouveaux du monastère furent donc commencés, de 1628 à 1631, pendant le premier triennal de la Mère Jeanne-Françoise Le Tellier qui fit d'abord aménager l'ancienne église et le chœur; puis elle fit construire deux ailes pour les cellules des religieuses et une partie des arcades du cloitre. Dans le second triennal (1631-1634), voyant que, malgré les fondations extérieures, le nombre des sœurs augmentait, on allongea le vieux dortoir de la maison Chamvallin vers le mur de Saint-Mathurin, par une construction qui procura à la communauté une belle cuisine, une dépense fort commode et sept nouvelles cellules[1]. On peut se rendre compte de la très grande activité déployée par la Mère Jeanne-Françoise Le Tellier en considérant le total des dépenses faites pendant son gouvernement; elles s'élèvent à 21,653 livres pour les achats de maisons, 4,000 pour l'acquisition des fermes, 40,000 environ pour les bâtiments et 13,000 pour les fondations de Montargis et Tours, soit près de 80,000 livres au total.

Nous ne saurions parler de la fondation du monastère de Tours qui eut lieu en 1633 sans donner en même temps les noms des fondatrices. Ce furent :

La Mère Françoise-Madeleine Le Vassor, supérieure;

La sœur Marie-Madeleine Moireau;

La sœur Marguerite-Agnès Sévin;

La sœur Françoise-Catherine Baudry;

La sœur Anne-Françoise Mazuel;

La sœur Jeanne-Françoise Le Vassor, sœur de la supérieure;

La sœur Marie-Françoise Boitet;

La sœur Marie-Madeleine Le Beau de Montligeon[2].

A la Mère Jeanne-Françoise Le Tellier succéda la Mère Claude-Espérance Jousse (1634-1640); sous son gouvernement il ne fut dépensé en acquisitions territoriales que 18,200 livres, dont 15,200 pour l'achat de la ferme du Grand et du Petit-Vesserre, paroisse Notre-Dame d'Ormes[3] et 3,000 livres pour une maison appartenant à l'Aumône, et touchant par le sud à la place Saint-Mathurin.

1. Archives du monastère : *Histoire*, chap. VI, et livre de dépenses.
2. Archives du monastère : *Histoire*, chap. VI.
3. Archives du monastère : *livre d'inventaire de 1785*, p. 41.

Mais son ardente piété lui inspira le dessein de construire un sanctuaire spécialement dédié à la Vierge. Grâce à la générosité du frère d'une religieuse, qui fit un don de 3,000 livres, une jolie chapelle s'élevait, au fond du jardin, dans un endroit retiré et solitaire offrant aux sœurs un asile de silence et de recueillement[1].

Sous le même gouvernement de la Mère Claude-Espérance Jousse, il arriva que des religieuses, obligées d'abandonner leur pays de Lorraine par suite des guerres qui y sévissaient, s'étaient réfugiées à Orléans. La Mère supérieure les accueillit, les défraya un long « temps, les assistant de toutes choses et enfin leur procura un établissement à Chatellerault où on lui demandait de ses filles; elle pria les Messieurs de cette ville de transférer l'affection qu'ils avaient pour la Visitation à ces bonnes religieuses et leur fit cette demande de si bonne grâce qu'ils y consentirent[2] ».

Un autre événement important pour le monastère fut la visite de la Mère de Chantal « qui reçut un très grand contentement de la bonne conduite de la Mère supérieure[3] ». Cette visite eut lieu en l'année 1635.

Avant de terminer le gouvernement de la Mère Claude-Espérance Jousse, il nous paraît utile de revenir sur l'achat d'une maison qui touchait au couvent du côté sud, par la place Saint-Mathurin, et qui avait des vues gênantes pour les religieuses. Cet immeuble loué à un sieur Isambert, marchand d'Orléans, appartenait à l'Aumône générale. Il fallait donc. pour l'acquérir, avoir l'autorisation des habitants de la ville, autorisation qui fut donnée dans une assemblée générale tenue le 16 juin 1639 en l'hôtel de ville, Toussaint Rousseau étant maire[4]. La vente eut lieu le 10 juillet 1639. Elle fut consentie moyennant une rente annuelle de sept vingt dix livres tournois rachetable d'un capital de 3,000 livres. Les acheteuses devaient continuer le bail à loyer fait au sieur Isambert pour le temps

1. Archives du monastère : *Histoire*, chap. VI.
2. Archives du monastère : *les Fondations*, p. 187.
3. Ibid., *id.*, p. 188.
4. Archives de Mᵉ Rime, notaire, rue de la Bretonnerie, n° 48; minutes de Demeulles, notaire, en date du 10 juillet 1639.

restant à courir. En outre, chose singulière, elles ne pouvaient racheter et amortir la rente souscrite avant un délai de dix années; « néanmoins si les commis du bureau de l'Aumône ont à faire de la dite somme auparavant le dit temps de dix ans expiré, lesdites religieuses et couvent seront tenus le payer et bailler, auxdits sieurs du bureau leur sachant à dire un mois auparavant ». Cette dernière clause fut effectivement remplie par le versement de 3,000 livres, le 16 août 1649, entre les mains de honorable homme Michel Guignace, receveur des rentes de l'Aumône générale.

La Mère Claude-Espérance Jousse fut remplacée dans sa charge de Mère supérieure par la Mère Marie-Renée Rousseau de 1640 à 1643; mais elle fut réélue en 1643.

Sous son deuxième gouvernement, elle fonda le monastère de Chartres. Deux accords furent signés les 2 août 1644 et 21 février 1647 entre les fondatrices du nouveau couvent et les religieuses d'Orléans[1] aux termes desquels on fixa à 10,000 livres tournois la somme nécessaire pour faire l'établissement en la ville ou les faubourgs de Chartres. Ces 10,000 livres furent données en principaux de rente le 6 mars 1647. En outre, on devait remettre 2,000 livres aux sœurs désignées le jour de leur départ pour Chartres, étant entendu que ces 2,000 livres seraient remboursées ultérieurement. Ce jour de départ fut le 30 mars 1647, car c'est ce jour-là que furent remises les 2,000 livres, suivant ce qui est écrit au document existant aux Archives départementales et dont nous extrayons ces renseignements.

Ce même document nous donne les noms des religieuses désignées pour fonder la maison de Chartres. Ce sont :

La sœur Marie-Jeanne Édeline;
La sœur Barbe-Françoise Gueau;
La sœur Michelle-Augustine Desfriches;
La sœur Marie-Élisabeth de Gyvès;
La sœur Anne-Françoise Humery;
La sœur Marie-Espérance Berthrand;
La sœur Jeanne-Thérèse Macherau.

1. Archives départementales : *Visitation*, carton Biens et rentes.

Il fut convenu que la Mère Claude-Espérance Jousse serait supérieure de la nouvelle maison, mais « comme elle était actuellement en charge, il fut accordé qu'elle irait conduire les sœurs destinées à cette bonne œuvre et qu'elle demeurerait jusqu'à ce que tout fut bien établi, ensuite de quoi elle reviendrait à Orléans finir sa supériorité pour trois ans seulement et retournerait à Chartres[1] ».

Ajoutons, pour être complet, que les 2,000 livres tournois, avancées le jour du départ des fondatrices, furent remboursées le 4 juin 1655, à l'exception de 500 livres dont les religieuses d'Orléans firent remise gracieuse à leurs sœurs de Chartres.

III

L'achèvement des constructions. Les fêtes de la canonisation de saint François de Sales

(1649-1700)

Il n'y avait encore en 1648, d'après Le Maire[2], qu'une chapelle et un autel dédiés au bienheureux saint François de Sales, mais la construction d'une véritable église était prévue depuis longtemps et, à cette même époque, les fondations en avaient été jetées sur le terrain où s'élevait la chapelle de Saint-Mathurin[3].

Ce fut la Mère Marie-Renée Rousseau qui eut la joie, vers le milieu de sa seconde supériorité, en 1652, de réaliser cette grande entreprise.

« Elle reçut les dots de douze novices, lesquelles lui firent soixante-dix mille livres, qui était à peu près la somme nécessaire pour parachever ce grand ouvrage[4]. »

L'architecte choisi fut le R. P. dom Louis de Saint-Bernard de l'ordre des Feuillants, homme fort entendu en fait de bâtiments; mais les responsabilités et les difficultés retombaient

1. Archives du monastère : *les Fondations*, p. 189.
2. Le Maire, *Antiquités de l'église et du diocèse d'Orléans*, p. 110.
3. S. Guyon, *Histoire de l'église, diocèse, ville et université d'Orléans*, p. 473.
4. Archives du monastère : *les Annales*, p. 78.

toutes sur la Mère Marie-Renée Rousseau qui « soutint toutes les fatigues et contradictions jusqu'au bout et si glorieusement qu'elle termina ce grand ouvrage avant sa déposition[1] ». La déposition de la Mère Marie-Renée Rousseau eut lieu le jour de l'Ascension de l'année 1655. Nous sommes donc fixés sur la date de l'achèvement de l'église; cela nous permet de rectifier une erreur commise dans la brochure intitulée *Saint François de Sales à Orléans*, publiée par la Visitation en 1878[2], où il est dit que l'église commencée sous le gouvernement de la Mère Marie-Renée Rousseau fut continuée par la Mère Claude-Séraphique Le Normand, d'une famille très noble d'Orléans, et, enfin, achevée par la Mère Marie-Madeleine Perdoux, c'est-à-dire entre 1661 et 1667. Sans doute, dans cette brochure, on a voulu parler de l'ornementation et des embellissements intérieurs de l'église, lesquels furent très importants, durèrent longtemps et coûtèrent fort cher; l'un des manuscrits du monastère nous dit, en effet, que l'on dépensa pour la construction de l'église, en y comptant les dépenses faites pour le rehaussement de l'autel et les ornementations, 30,000 écus, soit 180,000 livres, l'écu valant six livres au temps de Louis XIV. On aurait donc dépensé pour les ornements et les embellissements 110,000 livres (180,000 — 70,000), ce qui est une somme énorme, laquelle ne peut avoir été obtenue et dépensée qu'en la répartissant sur plusieurs années, une dizaine sans doute[3].

La seule description de l'église que nous connaissions est celle qui est donnée dans la relation de la solennité de la canonisation de saint François de Sales, opuscule édité à Orléans, chez Gilles Hotot, imprimeur ordinaire du roi et de la ville en 1667. Mais elle est fort rudimentaire, surtout en ce qui concerne la partie architecturale. Toutefois, en la rapprochant d'un certain croquis figuratif en couleurs de l'ensemble du couvent établi en 1663 par Fleury, arpenteur, croquis existant

1. Archives du monastère : *les Fondations*, p. 189.
2. Éditée par Blanchard, à Orléans.
3. Beauvais de Préau commet également une erreur lorsqu'il dit dans ses *Essais historiques*, p. 138, que l'église avait été construite dès 1656.

CROQUIS DU MONASTÈRE EN 1663 D'APRÈS LE PLAN DE FLEURY

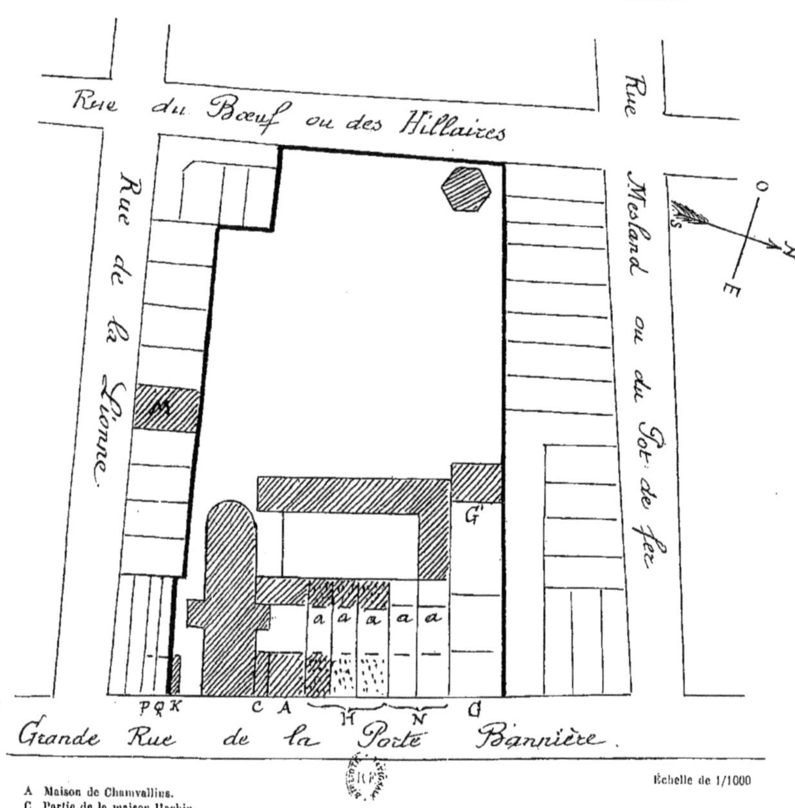

Échelle de 1/1000

A Maison de Chamvallins.
C Partie de la maison Hachin.
G Maison Hommain.
H Maisons Neveu, Paillet et Bruneau. } louées en partie à des particuliers.
K Maison Isambert, acquise en 1639.
M Maison Dupuis, acquise en 1671 (maison des pensionnaires).
N Maisons Jumeau et Tricquoy, acquises en 1681 (louées à des particuliers).
P Maison de l'Aumône, acquise en 1700.
Q Maison Privé, acquise en 1710 (boulangerie et basse-cour).
a, a, corps de logis de derrière des maisons H et N qui ont formé la façade est (1681-1683).

dans les archives du monastère, on peut se faire une idée assez exacte de ce qu'était le monument.

Il avait en plan la forme d'une croix latine; il possédait une seule nef et un transept; un dôme s'élevait au centre du transept; la longueur était de 19 toises et demie et la largeur de 9 toises entre les extrémités du transept.

Le portail, formé de deux colonnes d'ordre corinthien, supportait un fronton triangulaire, surmonté d'une croix; il était flanqué de deux contreforts; le tympan, au-dessus du fronton, était orné d'une fenêtre basse demie-circulaire.

A l'intérieur, régnait le long des murs de la nef et du chœur une série de pilastres, supportant une architrave; au-dessus couraient la frise et la corniche. Le dôme était supporté par huit pilastres.

Le maître-autel était formé de quatre colonnes de marbre dont les bases et les chapiteaux étaient dorés et supportaient un fronton au-dessus duquel était la statue de saint François et au centre un christ bénissant.

Un jubé construit dans le même style et surmonté d'une balustrade s'offrait aux regards devant le maître-autel. Le chœur des religieuses, adossé au transept de droite. s'ouvrait en face de ce maître-autel.

A chaque extrémité des transepts se voyait une chapelle bâtie dans le même esprit architectural.

La décoration comprenait des peintures murales et des tableaux par Bourdon, Challes, Bon Boullogne, Mignard et les statues en pierre des douze apôtres par Hubert.

D'après cette description, on voit que l'église était construite sur le modèle ordinaire des églises du temps de Louis XIV. Elle pouvait contenir beaucoup de monde et était fort belle au dire des contemporains. Beauvais de Préau, au XVIIIe siècle, porte sur elle le même jugement.

La construction de l'Église n'empêcha pas la Mère supérieure Marie-Renée Rousseau de faire en même temps d'importantes acquisitions, qui procurèrent à la communauté des ressources, les immeubles acquis étant loués.

En 1653, elle acheta la ferme de la Borde, paroisse de Josne, au prix de 10,000 livres[1], puis des vignes au clos de la Caillardière, paroisse de Loury, moyennant la somme de 1,200 livres[2] et, enfin, une maison à Orléans, rue « des petits souliers[3]. »

A la Mère Marie-Renée Rousseau succéda la Mère Claude-Séraphique Le Normand qui gouverna le monastère pendant six ans, de 1655 à 1661. Elle eut à répondre au désir de la ville d'Auxerre d'avoir une maison de son ordre. Elle dut se « dépouiller d'excellents sujets pour cette fondation et en souffrit beaucoup de contradictions[4] ».

La supérieure de cette nouvelle maison fut la Mère Marie-Madeleine Perdoux; les autres fondatrices furent : la sœur Marie-Michelle Jacquier, la sœur Jeanne-Séraphique Boycervoise, la sœur Marie-Marthe Gobineau, la sœur Marie-Joseph de l'Escluse, la sœur Claude-Marie Lambert et la sœur Marie-Thérèse Cahouet.

Aux termes des contrats des 17 décembre 1658 et 19 mai 1659, la communauté d'Orléans donna[5] à celle d'Auxerre trente mille livres dont :

2,000 en argent au moment du départ des fondatrices.

2,000 en meubles.

4,000 reçues par lettre de change de M. Torchebœuf, receveur du grenier à sel de Saint-Fargeau.

13,000 apportées par le R. P. Le Normant.

4,000 reçues par lettre de change de M. Huguet, receveur du grenier à sel d'Auxerre.

5,000 en principal de rentes.

La Mère Marie-Madeleine Perdoux ne resta pas longtemps à Auxerre; elle revint en 1661 à Orléans, où elle avait été élue supérieure, lorsque la Mère Claude-Séraphique Le Normand se déposa de sa charge. Elle acheta l'importante métairie des

1. Archives du monastère : *livre d'inventaire de 1785*, p. 61.
2. Ibid., *id.*, p. 187.
3. Ibid., *id.*, p. 265.
4. Archives du monastère : *les Fondations*, p. 190.
5. Archives départementales, acquit du 14 août 1660; *Visitation*, carton H, n° 5.

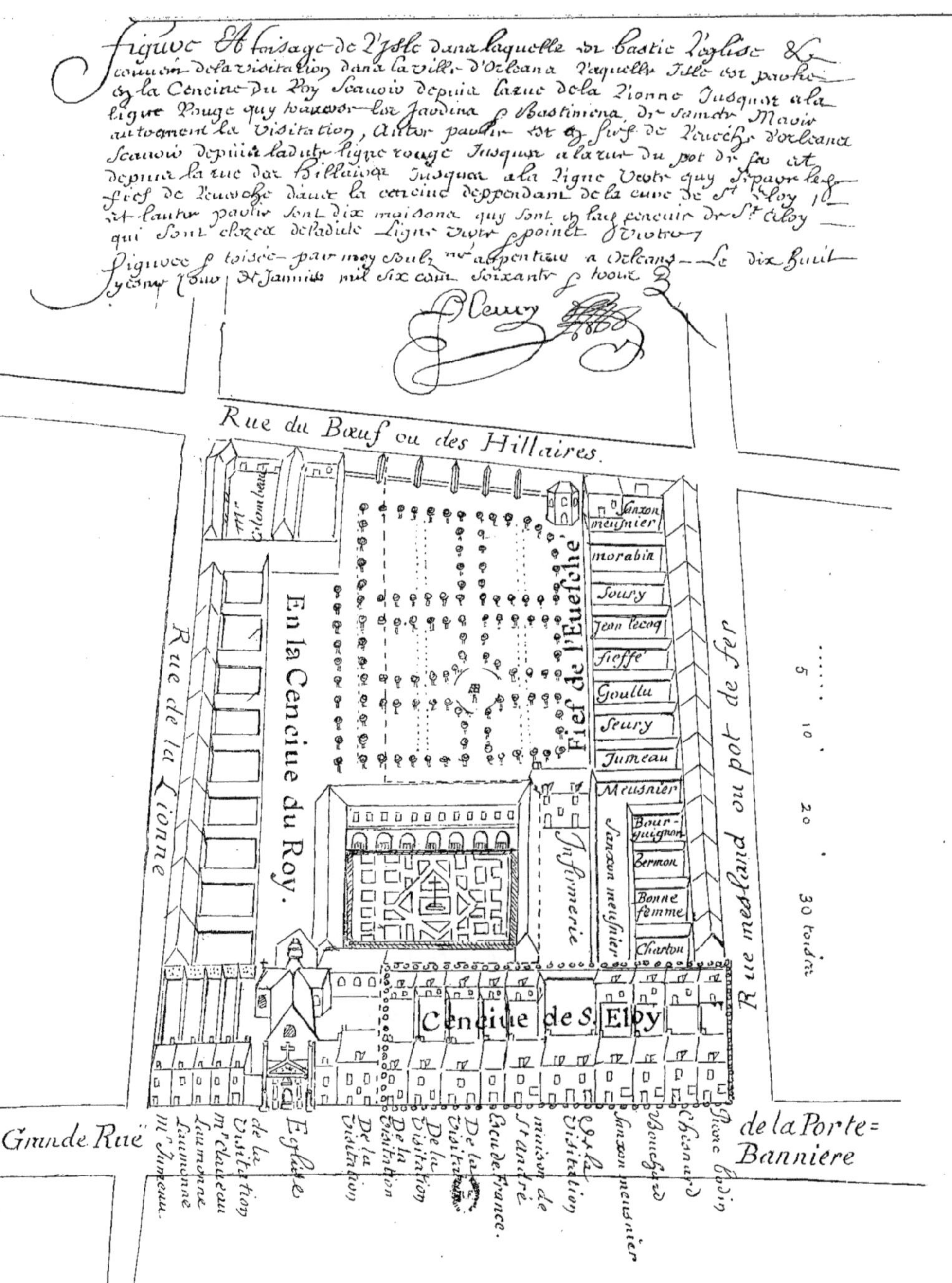

LA VISITATION SAINTE-MARIE A ORLÉANS
d'après un plan dressé par Fleury en 1663

Nota. — Dans le fac-similé ci-dessus, on a remplacé la ligne rouge par une suite de traits interrompus et la ligne verte par une suite de points creux.

Braudières, paroisse de Villeny-en-Sologne, moyennant la somme de 15,252 livres[1].

Puis elle employa tout son zèle, toute son activité et toutes ses ressources pour que la canonisation de saint François de Sales, qui avait été décrétée par le pape Alexandre VII le 19 avril 1665, fut célébrée avec la plus grande pompe possible dans l'église du monastère. Des dépenses considérables furent faites dans ce but. Tout fut prodigué pour rehausser l'éclat des cérémonies; on peut lire la description des ornements inventés et créés, dans la brochure éditée par Gilles Hotot, imprimeur à Orléans, et dont nous avons déjà parlé.

Mais ce qu'il y eut de plus sensationnel, ce fut l'énorme mouvement qui eut lieu pendant huit jours, mouvement occasionné dans la ville par les processions et le concours du peuple. « On n'y entendait toute la matinée que des chants de réjouissance à l'arrivée et au retour des processions, lorsqu'elles passaient par les rues pour venir à notre église[2]. »

Les fêtes commencèrent le jeudi 5 mai 1667 et durèrent jusqu'au jeudi 12 mai.

Mgr du Cambout de Coislin, alors évêque d'Orléans, ordonne qu'au lieu d'une seule procession générale il y en aurait plusieurs tous les jours et que quatorze des principales paroisses se succéderaient dans cette octave en des cortèges semblables à celui qu'il présiderait lui-même en personne.

Le premier jour, en effet, sur les huit heures du matin, la procession sortit de Sainte-Croix, passa par la place du Martroy et se rendit à l'église des religieuses. La châsse en argent, contenant les reliques de saint François, était portée par deux chanoines; derrière marchait Mgr l'évêque suivi de Messieurs du Présidial d'un côté, de Messieurs de la ville de l'autre et d'une quantité prodigieuse de personnes de toute sorte[3]. Le soir, eurent lieu les vêpres et un sermon. A la nuit, on tira un beau feu d'artifice, où Messieurs de ville parurent en corps,

1. Contrat passé devant Demeulles, notaire, le 12 novembre 1666 (Archives du monastère, *livre d'inventaire de 1785*, p. 109).

2. Archives du monastère : *les Fondations*, p. 192.

3. Relation de la solennité de la canonisation de Saint-François de Sales, p. 35 et 36. Gilles Hotot, imprimeur, à Orléans.

au son des tambours, pour l'allumer dans la grande place du Martroy.

Les jours suivants furent remplis par les processions de deux ou trois paroisses de la ville, des faubourgs ou de la campagne; il y en eut même le dimanche 8 mai, jour où la ville fit comme d'habitude sa procession générale pour actions de grâces de sa délivrance par les secours de Jeanne d'Arc. Notons cependant que ce jour-là, la musique de la ville ne put faire goûter ses accords aux vêpres parce « que ses organes étaient trop fatigués d'un travail excessif dans cette cérémonie » ; elle retrouva cependant assez de forces pour se faire entendre au salut.

Le dernier jour des fêtes fut marqué par un grand feu de joie sur la place publique.

Dans la fin du XVIIe siècle, le couvent augmenta régulièrement ses acquisitions. C'est ainsi que furent achetées :

En 1671, la maison dite « des pensionnaires », rue de la Lionne[1] pour 2,400 livres.

En 1677, une terre appelée Lieu des vignes[2], pour 2,800 livres.

En 1681, les deux maisons Jumeau et Tricquoy comprises dans la clôture[3], pour 4,000 livres.

En 1682, une maison de rapport, rue du Coing de la Limace[4], pour 3,600 livres.

En 1698, une maison de rapport, rue du Bœuf couronné[5], pour 1,300 livres.

En 1700, une maison appartenant à l'Aumône générale et voisine de la clôture, du côté de la rue de la Lionne[6], pour 2,400 livres.

Mais l'œuvre la plus intéressante fut accomplie pendant la

1. Archives du monastère : *livre d'inventaire*, p. 318. Contrat du 29 avril 1671 devant de Beauce, notaire.

2. Ibid., *id.*, p. 179. Contrat du 20 septembre 1677 devant Demeulles, notaire.

3. Ibid., *id.*, p. 203. Contrat des 4 et 20 mars 1681 devant Boucher, notaire.

4. Ibid., *id.*, p. 275. Contrat du 19 septembre 1682.

5. Ibid., *ibid.*, p. 257. Contrat du 27 octobre 1698 devant Blandin, notaire.

6. Ibid., *id.*, p. 251. Contrat du 11 janvier 1700 devant Couet, notaire.

supériorité de la Mère Marie-Michelle Jacquier (1679-1685) : ce fut la construction de l'aile est du monastère qui devint la principale façade de cette maison, en faisait tout l'ornement, et l'avait rendue fort agréable et commode. Cette aile fut, en effet, construite en utilisant les différents corps de logis de derrière des maisons, de la rue Bannière comprise dans la clôture[1].

La Mère Marie-Michelle Jacquier rencontra tout d'abord dans ses projets une forte « opposition de la part du supérieur de la communauté qui craignait que les fonds des biens de la maison n'en fussent intéressés. Elle avait en mains cependant 22,000 livres pour ce bâtiment qu'elle ne comptait pas devoir monter plus haut; mais voyant cette opposition, elle aima mieux temporiser et attendre que l'exécution de son dessein se fît avec paix et l'agrément de tout le monde. Enfin notre supérieur se rendit à ses raisons et le bâtiment fut exécuté selon le plan qu'elle en avait elle-même dressé[2] ».

« Ce plan fut admiré et suivi par les architectes, qui furent surpris de son intelligence. En effet, on ne pouvait guère voir un esprit plus universel pour une fille. Elle savait la peinture, la musique et la poésie. On peut dire qu'elle était propre à tout[3]. »

Les travaux furent entrepris en 1681 et furent terminés en 1683 avant la déposition de la Mère Marie-Michelle Jacquier.

Toutes ces préoccupations ne l'empêchaient pas d'exercer sa charité au dehors. C'est ainsi qu'en l'année 1680, ayant appris que les tours et les prisons étaient remplis de Hollandais qui mouraient de faim, elle fit mettre un muid de blé au moulin, et, pendant quatre mois, on leur portait toutes les semaines du pain et du potage en quantité[4].

1. Le revenu de ces maisons qui étaient louées à des particuliers fut diminué en raison de la suppression de leurs corps de logis de derrière (Archives départementales : *Livre des rentes*, p. 409, 421, 466).
2. Archives du monastère : *les Fondations*, p. 194.
3. Ibid. : *les Annales*, p. 132.
4. Ibid. : *les Fondations*, p. 195.

IV

Le monastère au XVIIIe siècle

(1700-1792)

La construction du monastère avait été achevée, nous l'avons dit, en 1683. Il restait cependant encore une dernière amélioration à réaliser, c'était le déplacement, loin du centre de la vie commune, de cette boulangerie que nous avons vue si mal installée au-dessous d'un dortoir avec les autres offices de la maison. Dans ce but, en 1710, la Mère supérieure Françoise-Madeleine Gaultier fit l'acquisition, moyennant 3,500 livres, de la maison Privé, dite la Croix-Verte, située rue Bannière à l'extrémité sud des bâtiments de la clôture[1].

On y installa « l'office de la boulangerie, voûtée de pierres de taille, et une basse-cour avec toutes ses commodités ». On put même y faire un appartement pour les sœurs domestiques avec une chambre de réserve[2].

On acheta en même temps un terrain qui permit d'agrandir le jardin en le rendant plus régulier et plus beau. Nous n'avons pas trouvé la trace du contrat d'acquisition de cette parcelle de terrain; nous pensons qu'il s'agit de l'angle sud-ouest de la clôture, sur la rue des Hillaires, qui formait un coin avancé dans les jardins du monastère, tel qu'on le voit exister sur le plan de Fleury de 1663. Sur l'emplacement acquis, on éleva une chapelle à sainte Madeleine, patronne de la Mère supérieure.

Dans les dix années suivantes, de 1710 à 1720, années qui nous séparent du Centenaire de la fondation du couvent, nous trouvons encore à signaler quelques événements importants.

Tout d'abord, en 1711, la maison reçut en dépôt et, par lettre de cachet du roi très chrétien, Mme de Sainte-Lucie Pépin, religieuse de Port-Royal-des-Champs. Elle s'y comporta d'une manière très religieuse, avec beaucoup de prudence, de piété et de silence. Elle y resta cinq ans. Après la mort de Louis XIV,

1. Archives du monastère : *livre d'inventaire de 1785*, p. 315. Contrat devant Godeau, notaire, 2 août 1710.

2. Ibid. : *Annales*, p. 190.

elle demanda à Mgr le duc d'Orléans, régent de France, son retour à Paris, ce qui lui fut accordé[1].

Ensuite les religieuses eurent à soutenir deux procès.

Le premier fut intenté à un sieur Jeunet, propriétaire d'une maison, rue de la Lionne, qui avait des vues sur l'intérieur du couvent et qu'elles voulaient faire boucher. Jeunet s'y opposait; outre les droits qu'il affirmait tenir de la possession même de sa maison, il avait osé prétendre que les religieuses n'avaient formulé leurs revendications que pour troubler les familles.

Ces affirmations avaient indigné les religieuses. Dans une requête adressée à la Prévôté, le 28 juillet 1712, elles réfutent tous les arguments de Jeunet en s'appuyant tant sur les titres de propriété de leurs immeubles que sur les principes du droit coutumier, et, contre les insinuations malveillantes de leur adversaire, elles disent :

« Les suppliantes ne sont pas d'un caractère à soutenir un procès mal à propos. Elles n'ont pas l'esprit de chicane et Jeunet leur fait injure lorsqu'il dit qu'elles veulent troubler les familles... Les vues se trouvant dans le bâtiment en question sont préjudiciables aux suppliantes tant par rapport au droit qu'elles ont de les faire boucher que pour arrêter le cours des insultes continuelles que Jeunet et ses enfants font journellement à toutes les religieuses de leur couvent, par des démonstrations que la prudence ne permet pas d'expliquer. Et, pour la sûreté de leur communauté, si Jeunet tenait davantage ses vues ouvertes, elles seraient exposées à plusieurs risques puisqu'il aurait la liberté d'entrer dans leur couvent par l'ouverture de sa cave ou par la descente de la lucarne de son grenier[2]. »

Le procès menaçait de durer longtemps; aussi les parties consentirent-elles une transaction, le 5 septembre 1712, aux termes de laquelle toutes les ouvertures ainsi que les lucarnes des greniers seraient bouchées, moyennant une indemnité de 200 livres, laquelle fut payée à Jeunet le 13 septembre suivant[3].

1. Archives du monastère : *Annales*, p. 192.
2. Archives départementales : *Visitation*, carton n° 1.
3. Archives du monastère : *livre d'inventaire de 1785*, p. 315 (acte passé devant Blandin, notaire, le 5 septembre 1712).

Le second procès fut soutenu contre Mgr Louis Gaston Fleuriau, évêque d'Orléans, à cause des droits d'indemnité que les religieuses n'avaient pas payés depuis l'achat, en 1623 et 1630, des quatre maisons situées rue du Bœuf, dans le fief de l'évêché, et que « ledit seigneur demandait comme dus à ses prédécesseurs ». Le procès se termina par une sentence, rendue à la Prévôté le 8 avril 1718, aux termes de laquelle les religieuses étaient tenues « de donner un *vicaire* portant foy et hommage et payer à mutation ce qu'il sera convenu[1] ».

Mentionnons enfin l'achat fait le 20 décembre 1719 de la ferme de l'Étang-en-Beauce, paroisse de Bricy-Boulay, moyennant la somme de 6,300 livres[2] et nous arrivons à l'année 1720, année du centenaire de la fondation du monastère de la Visitation Sainte-Marie d'Orléans.

Un siècle s'est écoulé depuis le jour où six religieuses de cet ordre sont venues timidement s'intaller dans une petite maison de la rue Porte-Saint-Jean, un siècle pendant lequel chaque jour a apporté une pierre à l'édifice qu'elles ont entrepris. Il a fallu toutes ces longues années d'efforts, de patience et de volonté pour mener l'œuvre à bonne fin, mais cette œuvre qu'elles ont élevée à la gloire de Dieu est grande.

Les modestes ouvrières de cet immense travail peuvent s'en réjouir en ce jour mémorable du 9 septembre 1720; elles peuvent en être fières, car si elles ont fait grandement les choses, elles sont restées pauvres.

D'édifiants documents existant aux Archives départementales nous en donnent une preuve qu'il est bon de mettre en lumière.

En 1647, le grand vicaire de l'évêque, Charles Meusnier, chanoine et chantre de l'église d'Orléans, constate[3] que les revenus du monastère s'élèvent à 6,458 livres provenant pour la plupart de rentes constituées (4,200 livres) et pour le reste de loyers ou fermages; qu'il faut en déduire 395 livres à payer pour charges ou dettes diverses, et qu'il reste 6,063 livres pour faire vivre tout le personnel de la communauté.

1. Archives du monastère : *livre d'inventaire de 1785*, p. 325.

2. Ibid., *id.*, p. 87. Contrat devant Blandin, notaire.

3. Archives départementales : état des biens des religieuses de la Visitation en 1647, carton H, n° 1.

Cette situation, si elle n'est pas brillante, paraît cependant être équilibrée.

Elle va s'aggraver peu à peu.

Cinquante ans plus tard, un état fourni le 1er août 1705 au cardinal de Cambout de Coislin fait ressortir que « les revenus du couvent sont de 6,827 livres 9 deniers et les charges 4,419 livres 12 sols 6 deniers. Il ne reste plus que 2,408 livres 8 sols 3 derniers pour la nourriture et l'entretien de soixante personnes (cinquante professes du voile noir, quatre sœurs domestiques, deux filles de service et trois tourières). Ce n'est que pour chacune 40 francs. Du nombre des religieuses, il y en a plusieurs d'infirmes; au moyen de quoi les dots des religieuses qui ne sont à présent que 3 à 4,000 livres au plus se trouvent consommées à mesure, ce qui oblige la maison à contracter des dettes (13,402 livres, dont 1,500 prises à intérêt).

« La maison se trouve réduite à cet état, depuis quatre-vingt-cinq ans qu'elle a été établie à Orléans, parce qu'elle a point eu de grosses dotations et de fondations par bienfaiteurs, et soutenue que par les dots des religieuses a formé l'établissement de cinq maisons de l'ordre, a perdu plus de 40,000 livres sur l'hôtel de ville, plus de 30,000 de banqueroutiers, plus de 30,000 livres payées au roi depuis quinze ans, à un dortoir de leur maison qui menace ruine, qu'il faut refaire incessamment[1]. »

Les pertes occasionnées par les banqueroutes et les impôts payés au roi s'expliquent facilement.

Il n'en est pas de même des pertes subies du fait de l'hôtel de ville; elles se sont cependant réellement produites.

Des engagements formels, par actes notariés, avaient été pris à différentes époques par le maire et les échevins d'Orléans, pour certains emprunts. Ainsi, en 1624, la cité avait emprunté aux religieuses de la Visitation 10,000 livres tournois au denier vingt, c'est-à-dire au taux de 5 %, pour rembourser une somme équivalente due à différents particuliers, mais qui était au denier seize (c'est-à-dire au taux de 6,25 %).

1. Archives départementales : *Visitation*, carton H, n° 1.

C'était une opération financière bien comprise et avantageuse pour la ville[1].

En 1626, les échevins avaient besoin de 10,000 livres pour payer les dépenses occasionnées par la lutte contre une épidémie régnante et par la construction d'une maison de santé; ils en empruntèrent 4,000 aux religieuses, ce qui faisait une rente annuelle et perpétuelle de 200 livres[1].

En 1628, nouvel emprunt de 6,000 livres produisent 300 livres d'intérêt[1].

Enfin, en 1630, les religieuses prêtent encore 3,000 livres à la ville (soit pour une rente de 150 livres) pour l'aider à payer une partie de la somme de 5,500 livres à laquelle elle a été taxée, elle et les faubourgs, pour participation aux 400,000 livres dues aux entrepreneurs de la fourniture des habits de l'armée d'Italie[1].

Au total 23,000 livres prêtées produisant 1,150 livres de rentes. Ces rentes étaient promises « être bonnes, solvables et bien payables aux termes indiqués dans les actes notariés. Elles étaient garanties et hypothéquées sur tous les biens, meubles, deniers communs et patrimoniaux de la ville présents et à venir, les plus clairs et apparents et qui plairont le mieux aux acheteuses de la rente. En cas de difficultés, le maire et les échevins se soumettaient à la juridiction et contrainte de la prévôté d'Orléans et à toutes autres, eux et leurs successeurs[2] ». Les intérêts des sommes prêtées furent payées régulièrement jusqu'en 1647; mais à partir de cette date, les paiements cessent brusquement, et, sur le « Livre de rentes » du monastère existant aux Archives départementales, il est dit (aux pages 132, 166, 199 et 302) que, à la date de l'année 1669, il est dû vingt-deux années d'arrérages, soit 26,300 livres; si l'on y ajoute le capital versé 23,000 livres, que l'on devait considérer comme perdu, cela fait 49,300 livres.

A quoi attribuer cette faillite? les paiements ont cessé en 1647 à l'époque troublée de la Fronde; les engagements pris

1. Archives de Mᵉ Fanchon; minutes de Duboys, notaire : actes passés les 31 décembre 1624, 27 octobre 1626; 4 juin 1628 et 25 mai 1630.

2. Mêmes archives, contrat du 31 décembre 1624, Duboys, notaire.

ont peut-être été suspendus, puis n'ont pas été repris. Pourquoi les religieuses n'ont-elles pas poursuivi les échevins défaillants. Ce sont des questions dont le secret ne nous a pas été livré par les archives que nous avons consultées. Nous savons seulement qu'en 1680, par ordonnance du roi, « les rentes de l'hôtel de ville ont été réduites à la perte de la moitié du principal et de tous les arrérages[1] ».

La fin du règne de Louis XIV fut un temps de misère qui explique l'état de grande pauvreté dans lequel se trouvait le couvent à cette époque.

Sous la Régence, la faillite de Law vint ajouter des pertes nouvelles à celles déjà subies, car beaucoup de fondations de rente ne furent payées qu'en billets de banque, c'est-à-dire en une monnaie dépréciée.

Cette pauvreté cependant ne détourna pas la communauté de secourir la maison de Montargis qui se trouvait en une extrême affliction en l'année 1721, où la désolation et l'infortune régnaient. Comme cette maison était sortie de celle d'Orléans, nos religieuses firent leur possible pour lui venir en aide; elles lui donnèrent d'abord 100 livres, puis des vivres pour le carême. Et, comme elle redoublait ses demandes, la Mère supérieure Marie-Madeleine Germon assembla le chapitre pour savoir le sentiment de toute la communauté. Toutes les religieuses furent d'avis, pour soulager cette pauvre maison, de prendre par charité une de ses sœurs[2].

Les compensations à cet état de choses ne furent pas nombreuses. Quelques années plus tard seulement, en 1733, le roi, à la demande de Mgr Nicolas Joseph de Paris, accorda une augmentation de 300 livres sur les pensions qu'il avait mises depuis quelque temps sur la tête des dix plus anciennes religieuses ce qui leur fit une rente annuelle de 630 livres.

Malgré la dureté des temps, malgré la difficulté de recruter des novices, la communauté vécut pendant le XVIIIe siècle des jours tranquilles.

L'ère des grands travaux était close, le domaine extérieur

1. Archives du monastère : *livre des dépenses pour l'acquisition des maisons*.

2. Archives du monastère : *Annales*, t. II, p. 8.

suffisamment étendu, la maison bien assise et en grand honneur dans le clergé et dans le peuple.

Dans cette période, un certain nombre d'événements importants sont à signaler.

En 1727, eut lieu la consécration de l'église, que l'on désirait depuis longtemps; la cérémonie fut faite par Mgr de Paris, évêque d'Europée in-partibus, coadjuteur d'Orléans.

En 1729, le roi confia aux religieuses les demoiselles Bienfait, calvinistes, pour être instruites dans la religion catholique. L'une d'elles devint la sœur Suzanne-Angélique Bienfait qui, plus tard, fut guérie miraculeusement par l'intercession de la Mère de Chantal, guérison qui fut insérée par le pape Benoît XIV dans le décret de canonisation de cette sainte.

En 1751, le 13 novembre, un bref du pape Benoît XIV avait béatifié la Mère Jeanne de Chantal; le monastère d'Orléans célébra cette béatification, le 21 août 1752, par une grande fête précédée d'un triduum de prières.

L'église avait été magnifiquement décorée de tentures, de rideaux, d'écussons, de guirlandes, sans compter cinquante chandeliers d'argent qu'on voyait sur l'autel. Un grand tableau représentant la bienheureuse avait été exécuté spécialement pour cette fête et exposé dans l'église; il fut bénit le 17 août, veille de l'ouverture du triduum, par M. Colbert, grand vicaire; un Te Deum suivit cette bénédiction.

Les 18, 19, 20 août, et le 21 août, jour de la fête, outre un grand nombre de messes, la grand'messe fut dite par les différents chapitres ou curés de la ville, puis les vêpres et un sermon.

Le concours du peuple fut très grand; il y eut plus de 4,000 communiants. On dut faire veiller deux hommes dans l'église, tant pour garder l'argenterie que pour éviter le tumulte[1].

La canonisation de la bienheureuse Mère de Chantal suivit de près sa béatification; elle fit l'objet d'un décret du pape Clément XIII en date du 16 juillet 1767. Elle fut fêtée à Orléans en juillet 1768.

1. Archives du monastère : circulaire du 20 décembre 1752.

Mais comme les difficultés de la vie matérielle étaient grandes à cette époque, ce ne fut pas sans beaucoup d'économie et de ménagements que les religieuses arrivèrent à célébrer dignement cette fête.

Comme cela avait été fait un siècle auparavant pour les fêtes de la canonisation de saint François de Sales, la décoration de l'église fut merveilleusement réalisée : on voyait sur chaque pilastre des écussons ornés de têtes d'anges avec, au centre, des miroirs et, en dessous, des girandoles d'argent ciselé à plusieurs branches, de grands et beaux lustres de cristal qui pendaient de la voûte, tandis que de nombreuses glaces réfléchissaient les lumières. Les bustes de saint François et de sainte Jeanne ornaient les quatres angles qui touchent le dôme. Deux magnifiques reliquaires contenant les reliques de ces deux saints étaient entre les piliers du maître-autel, au-dessus duquel avait été placé un tableau de sainte Jeanne de Chantal, pendant qu'un autre tableau semblable avait été mis au-dessus du grand portail.

Des parements d'autel furent spécialement travaillés par les religieuses; on y voyait des broderies d'or et d'argent, des perles fines et des diamants; l'un d'eux était estimé 4,000 livres.

L'ouverture de la cérémonie eut lieu le 10 juillet 1768 à deux heures; elle fut annoncée à la population par le tir de vingt-quatre boites; elle comprenait la lecture de la bulle de canonisation, la bénédiction du tableau et des bannières puis les vêpres et le salut.

Pendant tous les jours de l'octave, il y eut grand'messe, vêpres, salut et panégyrique de la sainte; le dernier jour la cérémonie fut très longue, elle ne se termina qu'après huit heures du soir.

L'affluence fut très grande; le peuple vint en foule de tous côtés.

Le monastère eut à nourrir vingt-six personnes tous les jours, ecclésiastiques, cinquanteniers, clercs et autres personnes préposées pour maintenir l'ordre. Les Messieurs furent traités splendidement : déjeuners avec gâteaux et jambon, dîners encore mieux; desserts de fruits de toute espèce; confitures, liqueurs rafraichissantes. Les pauvres ne furent pas oubliés; plus de cinq cents pauvres reçurent à dîner[1].

En 1765, le 15 novembre, l'académie de musique jointe aux amateurs et Messieurs de la ville fit célébrer dans l'église de la Visitation un service à la mémoire du musicien Rameau mort à Paris, l'année précédente. A ce service, il y eut 600 assistants qui n'entrèrent qu'avec une carte et soixante musiciens; la cérémonie dura deux heures[2]. Le journal de Couret de Villeneuve dit dans son n° du 18 janvier qu'on y exécuta la messe de Gilles, le Dies iræ de M. l'abbé Giroust, maître de musique de la cathédrale et le De profundis calqué sur un morceau pathétique de l'illustre défunt. Il ajoute que le zèle avec lequel tous les musiciens ont payé à leur maître un tribut de leurs hommages et de leur reconnaissance prouve qu'il n'était pas possible que l'harmonie même pût exprimer des sons plus plaintifs et plus touchants.

En 1770, un événement d'une plus haute gravité vint mettre en émoi le monde religieux de la cité. Un décret de Mgr Louis Sextius de Jarente, signé à Versailles le 18 juin 1770, ordonnait l'extinction et la suppression du monastère des Ursulines de Saint-Charles et l'union de leurs biens à différents couvents de la ville. C'était l'aboutissement de la longue lutte que les Ursulines de Saint-Charles, attachées à la doctrine janséniste, avaient soutenue contre leurs évêques. Les Ursulines de Saint-Charles furent incorporées à la communauté de la Visitation qui reçut une partie de leurs biens, notamment la ferme de Saint-Charles, dite le Bourniquet[3]. Quelques années après, sonnait l'heure de la grande tourmente révolutionnaire qui devait emporter dans ses remous furieux le monde religieux.

Le monastère de la Visitation allait disparaître.

Les biens de la communauté sont déclarés, en 1789, propriété nationale.

Au mois de novembre 1790, le couvent reçoit la visite des officiers municipaux qui viennent donner lecture du décret

1. Archives du monastère : circulaire du 15 septembre 1768.

2. Archives du monastère.

3. Les Ursulines de Saint-Charles étaient sorties du couvent des Ursulines de la rue de la Bretonnerie, lequel subsista jusqu'à la Révolution.

ouvrant les portes des couvents et donnant à chaque religieuse le droit d'en sortir. Aucune religieuse ne voulut quitter la maison. Cependant, la célébration du culte continuait, parce que les prêtres non assermentés chassés de leurs églises s'étaient réfugiés dans les églises des religieuses, on célébra jusqu'à vingt-quatre messes par jour pendant dix-huit mois. Ennuyés de les entendre sonner, les officiers municipaux enlevèrent un jour la cloche et l'on trouva le lendemain matin un placard affiché à la porte de l'église, sur lequel était écrit : « Au bon cabaret, il ne faut pas de bouchon[1] ». En effet, il n'y eut pas moins de messes et le concours du peuple fut aussi grand.

Enfin, les dames Ursulines chassées de chez elles se réfugièrent, en 1792, à la Visitation qui les reçut de grand cœur et partagea sa maison avec elles. Mais les deux communautés ne restèrent pas longtemps ensemble; au bout de dix semaines, au mois de septembre, les religieuses de la Visitation furent à leur tour dispersées; on leur accorda une demi-journée pour sortir du monastère; les objets qu'elles purent emporter ne furent pas bien nombreux. Un protestant, dont on ne connaît pas le nom, consentit à les recevoir et à les garder.

Ainsi finit, après 172 années d'existence, le monastère de la Visitation d'Orléans.

Cinq ans après, au mois de juin 1797, quelques religieuses se retrouvèrent dans deux maisons situées l'une en face de l'autre au cul-de-sac de l'Épervier y montèrent un pensionnat et reprirent leurs observances sous la direction de la Mère Jeanne-Françoise Merlet. Elles s'établirent en 1799 dans la rue Vaslin et, enfin, elles allèrent, au mois d'octobre 1804, demeurer rue Saint-Euverte, sous la direction de la Mère Anne de Chantal-Beauvais de Préau, ayant revêtu l'habit religieux. Elles furent les premières de leur ordre à reprendre cet habit.

Elles étaient vingt-huit, dont vingt-quatre de l'ancien monastère.

La Révolution avait passé : le couvent de la Visitation Sainte-Marie d'Orléans vivait toujours.

Orléans, le 14 octobre 1926.

1. Archives du monastère.

PIÈCES JUSTIFICATIVES

I

Acte d'assemblée générale des habitants de la ville d'Orléans

(en date du 16 octobre 1626)

Aujourdhuy vendredy seizyesme jour d'octobre l'an mil six cent vingt six, les habitans de ceste ville d'Orleans assembles en l'hostel commun de la dicte ville suisvant la convocation faicte en icelluy par Messieurs les maire et eschevins de la dicte ville ou estaient presens et assistans messieurs les Lieutenant particulier civil et criminel du bailliage et siege presidial du dict Orleans le lieutenant en la prevosté / le reverend abbé de sainct Euvertre Bouchier docteur es droict scolastique et chanoine en leglise dOrleans commis de l'Eglise et clergé / Lemaire conseiller magistrat, deux du conseil de la dicte ville cappitaines volontaires d'icelle et des bourgeois marchans qui ont esté en charge d'eschevins et autres de la qualité requis en grand nombre. En laquelle assemblée a esté par honorable et prudent homme Pierre Salomon maire proposé et dict que Messieurs du bureau de l'aumosne generalle de ceste ville leur ont faict entendre que la place ou est la chappelle Sainct Mathurin et le jardin en dépendant sis sur la grande rue de la porte Bannier parroisse de Sainct Paterne leur est demandée à baillier à rente à toujours mais ou l'aliener à perpetuité, de quoi la dicte aumosne tirerait une grande commodité joinct que la dicte place et jardin est inutile à la dicte aumosne et que pour raison du service dont la dicte chappelle est chargée le curé du dict Sainct Paterne aurait cy devant mis en procès les dicts sieurs du bureau pretendant faire dire ledict service et prendre les offertes et oblations comme estant la dicte chappelle au dedans de sa parroisse duquel proces il n'y a eu jugement / que la dicte chappelle et le revenu en dependant a été donné à la dicte aumosne generalle par le feu Charles neufyesme, que Dieu absolve, depuis lequel don les dicts sieurs du bureau ont toujours jouy / les dicts sieurs Maire et eschevins ont estimé ce que dessus devoir estre communiqué aux habitans et représenté en la présente assemblée pour avoir leur advis / par noble homme maistre Pierre Lhuillier conseillier magistrat au bailliage et siege presidial d'Orleans, venerables et discrettes personnes messires Jacques Thisonneau archidiacre de Beausse et chanoine en l'Eglise Ste croix d'Orleans, Michel Froc chanoine en l'Eglise sainct Aignan d'Orleans commis au bureau de la dicte aumosne generalle assistant en la présente assemblée qui ont remontré en icelle que la dicte aumosne estait incommodée tant pour la nourriture entretennemaint et charge d'icelle par le moyen de la distribution qui se fait par chacun dimanche au bureau aux pauvres honteux de ceste ville et faubourgs qui se monte à grande somme de deniers affin qu'ils ne puissent vaquer par la dicte ville et aux eglises pour y mendier que par la levée qui se faict par chacun an sur messieurs du clergé et habitans de ceste ville il se trouve des non valloirs qui se montent aussi à grosses sommes de deniers qui diminuent autant le fond destiné pour le vivre et entretennemaint d'icelle aumosne, ayant esgard aux grandes charges qu'il convient suporter qui aurait donné sujet aux dicts sieurs du bureau retrancher tout ce qui leur a esté possible pour subvenir à ce qui est le plus necessaire à la dicte aumosne generalle. Ce faict, le dict sieur Maire a prié et requis les dicts assemblés de leur donner advis sur le faict que dessus. Après avoir par les dicts assemblés meurement deliberé du dict faict, considéré tout ce qui estait à considérer, ont été de l'advis qui en suit. Pour le desir que les dicts habitants ont à l'augmentation de la dicte aumosne generalle pour le prefit et utilité d'icelle feront bail à rente ou bien vendront et allieneront pour toujours mais la dicte place et jardin à telles personnes qu'ils adviseront pour telle rente et sommes de deniers que les dicts sieurs verront bon estre pour l'augmentation de la dicte aumosne et les deniers provenant du dict bail a rente ou vente ou aliénation seront employés en achat d'heritage ou rentes qui demoureront et sortiront de pareille nature de fond tout ainsi que est la dicte place et jardin et dont ils feront declaration en iceulx affin de congnaistre l'emploi de ce qui sera comme dict est aillieurs. Le tout à la reservation du revenu temporel appartenant et dependant de la dicte chappelle qui demourera a la dicte ausmone pour le service dont la dicte chappelle peult estre chargée affin qu'il soit dict et continué / que Monseigneur le reverend Evesque de ceste ville sera très humblement suplié de vouloir transférer le dict service en la chappelle de la dicte ausmone estant pres l'Eglise Sainct Paterne. Et pour faire et passer les contracts des dicts baux et alienation et tout ce qui sera requis et necessaire au faict de present, les dicts assemblés ont par ces dictes presentes entent que a eux est donné et donnent tout pouvoir a ce pertinant. Faict et arresté en la dicte assemblée les an et jour dessus dict. *Ainsy signé :* Deboys.

II

Procuration pour le contrat de vente de la chapelle Saint-Mathurin

(du 23 mars 1630)

Le vingt troisyesme jour de mars mil six cent trente après midy furent présentes en leurs personnes les devottes et charitables mère supérieure et religieuses et couvent de la Visitation de saincte Marie de ceste ville d'Orleans assemblées en leur grand parloir et chambre trilizée faisant chappitre et tenant et traitant des affaires en la manière accoutumée lesquelles ont faict et constitué leur procureur gñal et special venerable et discrette personne Me Jehan Ledemé chanoine en l'Eglise saincte Croix d'Orleans auquel ils ont donné et par ces pñtes donnent plain pouvoir de pour elles achepter de messieurs les commis et administrateurs du bureau de l'aumosne gñalle de ceste ville d'Orls la chappelle de St Mathurin et le jardin en deppendant aux charges de cens s'il se trouve en estre dus et relevaisons de la nature quelles sont ensemble des veues a ceux qui se trouvéront droict en avoir sur la dicte chappelle et jardin / d'obtenir par les dictes continantes lettres bien et dument expediées pour translater le service et image de sainct Mathurin en la chappelle de l'aumosne des garçons de ceste ville et icelles fournir aux dicts sieurs du bureau et de faire decharger les dicts sieurs du bureau du droict que le curé St Paterne pretend avoir de faire le service le jour de la feste d'assention nostre Seigneur en la dicte chappelle sans que pour raison de ce elles s'en puissent adresser aux dicts sieurs ains s'en deffendront ainsy qu'elles pourront et debvront. Et oultre moyennant la somme de dix huit cents livres ts pour laquelle somme sera créé sur tous leurs biens la somme de cent livres tournois de rente foncière annuelle et perpetuelle admortissable a un payement de la dicte somme de dix huit cents livres icelle rente payee selon et aux termes qui seront advisés entre les dicts sieurs du bureau et leur dict procureur, icelle rente asignée speciallement sur la dicte chappelle et jardin et généralement sur tous leurs autres biens promettre la dicte rente fournis bonne solvable et bien payable aux termes qui seront dicts nonobstant tous cas fortuits ou empeschement ny que la dicte rente de cent livres tournois puisse encourir des relevoisons tailles d'eglise ville pais pavé et aultres charges ains se payera la dicte rente franchement et quitement es mains du recepveur de la dicte aumosne et généralllement...

Signé : Sr LETELLIER, supérieure; sr Esperance JOUSSE; sr Marie-Radegonde LE BARBIER; sr Espérance NOUEL; sr M.-M. LEVASSOR.

DEMEULLES, MARTIN, THIBODOT.

III

Contrat de vente de la chapelle Saint-Mathurin

(24 mars 1630)

Le dimanche vingt quatre yesme jour de mars mil six cent trente apres midy nobles hommes Jacques Duchon et Nicolas Thoynard conseilliers magistrats au bailliage et siege présidial d'Orleans, venerables et discrettes personnes maistre Laurens Jumantier chanoine et scolastique en l'Eglise ste Croix d'Orléans, Nicolas Verac chanoine en l'Eglise St Aignan d'Orléans, honorables hommes Jacques Robert et Charlin Combault eschevins de ceste dicte ville, Mes Jacques Talvatz advocat au bailliage et siege presidial d'Orléans, Nicolas Rousseau procureur es dict siege, François Bourgongne, Anthoine Barantin, Cosme Destas, Robert Boisleve, Jehan Jacques Thoynard et François Sergent bourgeois et marchands demourant en ceste ville d'Orléans, commis et administrateurs de l'aumosne generalle de ceste ville d'Orléans assemblés en l'hostel commun de ceste ville d'Orleans au bureau de la dicte aumosne lieu accoutumé d'assemblée et y traitant des affaires en la manière accoutumee, confessent es dicts noms suivant l'avis et pouvoir à eux donnés par les sieurs maire eschevins et habitans de ceste ville d'Orléans par acte d'assemblée générale de ceste dicte ville en date du seizième jour d'octobre mil six cent vingt six duquel signé Dubois notaire est apparu inséré en fin des presentes avoir vendu cédé, quitté, transporté et delaissé et par ces presentes vendent cèdent quittent transportent et delaissent des maintenant pour toujours mais et promettent garantir delivrer et defendre de tous troubles et empeschements quelconques envers et contre tous aux devottes et charitables mère superieure religieuses et couvent de la Visitation de Ste Marie de ceste dicte ville d'Orléans absentes, venerable et discrette personne Me Jehan Ledemé prestre chanoine en l'eglise Ste Croix d'Orléans en nom et comme procureur des dictes mere religieuses et couvent et d'elles fondé de procuration speciale en cas de present passé par le dict Demeulle notaire le jour d'hier desquelles est aussi apparu inseré en fin des presentes qui en dict nom a acquis et acheplé pour elles leurs successeurs ou ayant cause la place de chappelle de Saint-Mathurin et jardin en dependant assis grande rue de la porte bannière parroisse de Sainct Paterne, ainsi qu'ils se comportent et poursuivent sans rien oster ni parfaire, tenant d'un long à une maison de la dicte aumosne et aux héritiers feu Me Floran Sarrebourse d'autre long aux dictes religieuses et couvent étant au lieu de la veuve Lucas et aultres d'un bout aux dictes religieuses et couvent estant au lieu de Anthoine Hachin et d'autre bout par devant ouvrant sur la dicte grande rue de la porte bannière. Ayant le tout de longueur trente trois toises trois pieds entre les œuvres et de longueur depuis le derrière de la dicte place jusques à une enclave ving toises cinq pieds laquelle enclave a de longueur deux toises et de largeur depuis le coing de l'enclave jusques à la muraille du côté des dites religieuses trois toises cinq pieds six poulces suivant le mesurage qui en a été faict par René Plisson masson et Jaquin Boissier charpentier de ceste ville d'Orléans, à la charge des cens et droict seigneuriaux si trouvé est que la dicte chappelle et jardin en sont chargés que les dictes religieuses et couvent seront dorenavant tenues de payer du leur et a leurs despens avec toutes tailles d'eglise de ville pays pavé et aultres charges et subventions quelconques qui pourront être mises et imposées sur la dicte chappelle et jardin ensemble les relevoisons si la dicte chappelle et jardin en sont tenus et sans que la rente cy après déclarée en puisse encourir en aucune sorte et manière ains se paiera franchement et quitement en ceste ville d'Orléans aux termes ci après dicts, retenu et réservé par les dicts sieurs commis et adminitrasteurs de la dicte aumosne le bien et revenu dependant de la dicte chappelle qui demeure propre à la dicte aumosne sans que les dictes religieuses et couvent y puissent prétendre aucun droict, comme aussi l'image de St Mathurin estant en la dicte chappelle avec le service et confrérie qui se faict par les enfants de la dicte aumosne le jour de la fête de l'ascension nostre seigneur, qui seront fransférés de la dicte chappelle en celle de Ste Marie dependant de la dicte aumosne générale où sont à présent les garçons de la dicte aumosne et à ceste fin les dicte mère religieuses et couvent seront tenus à leurs frais et dépens rapporter et fournir aux dicts administrateurs de la dicte aumosne lettres de translation de service et image de la dicte chappelle de St Mathurin en celle de Ste Marie de la dicte aumosne et decharges du droict prétendu par le curé de la paroisse de St Paterne bien et dûment expédiées du seigneur révérend Evesque d'Orléans ou aultre duquel il sera nécessaire et besoin les avoir / Et quand au service que le dict curé St Paterne prétend avoir droict de faire celebrer en la dicte chappelle St Mathurin le dict jour de l'ascension Nostre Seigneur les dictes religieuse seront tenues eux en defendre contre le dict curé ainsi qu'elles pourront et debvront et faire en sorte que sous prétexte de la dicte translation d'image et service faict en la dicte chappelle Ste Marie le dict curé ne puisse prétendre de faire dire aucun service en la dicte chappelle aussi à la charge d'endurer et souffrir les veues à ceux qui ont droict d'en avoir sur le dict jardin et aultres servitudes si aucunes il y a. De saisine en saisine ceste vente et deslais faicte pour et moyennant la somme de dix huit cens livres tournois pour laquelle le dict Ledemé es dict nom a vendu et vend aux dicts sieurs commis et administrateurs du dict bureau de l'aumosne générale la somme de cent livres tournois de rente foncière annuelle et perpétuelle qu'il Ledemé en dict nom a promis et s'est obligé et oblige payer et baillier chacun an au recepveur des rentes de la dicte aumosne les vingt cinq yesme jour de septembre et mars par moitié, en faire et commence le premier paiement de demi année le vingt cinq yesme jour de septembre et ainsi continuer de là en avant d'an en an au dict terme a toujours mais ou jusques au rachat et admortissement de la dicte rente qui est perpétuelle qui se fera a un seul paiement aux bons soins des dictes mère supérieure religieuses et couvent es mains des dicts sieurs du bureau ou leur recepveur et les deniers en procedent employés en achapt d'héritage ou rentes par tes dicts sieurs du bureau qui seront tenus énoncier aux dicts contracts qui s'en passeront d'où procederont les dicts deniers conformément au dict acte d'assemblée cy dessus daté, laquelle susdicte rente de cent livres tournois le dict Ledemé ou dict nom a assise et asignée aux dicts sieurs du bureau a avoir prendre et recevoir speciallement sur la dicte chappelle et jardin cy dessus vendus et générallement sur tous et chacuns les aultres biens et revenus temporels du dict couvent de Ste Marie qu'il a de ce chargés affectés obligés et ypothéqués par faix et charge réelle actuelle et perpetuelle sans que la généralité puisse nuire ni préjudicier à l'especialité ni l'espécialité à la généralité en aucune sorte et manière mais qu'ils se puissent garder et conserver l'un l'autre ont pour rente promis garantir fournir et faire valloir bonne solvable et bien payable aux termes cy dessus nonobstant tous cas fortuits retranchements de deniers modération de proffits ou autres troubles et empeschements quelconques par le moyen desquels le cours de la dicte rente... empesché en tout ou partie; de laquelle rente biens et héritages sur lesquels elle est assignée... et payée. Et a le dict Ledemé promis faire satisfaire le présent contract aux dictes religieuses et couvent... à l'entretenement... les faire obliger dedans huitaine... Michel Maignan greffier du dict bureau et... Martin ~~clerc~~ dudict notaire témoings. Suivent les signatures.

NOGENT-LE-ROTROU, IMPRIMERIE DAUPELEY-GOUVERNEUR

www.ingramcontent.com/pod-product-compliance
Ingram Content Group UK Ltd.
Pitfield, Milton Keynes, MK11 3LW, UK
UKHW022142170726
13837UKWH00004B/1729